I0403153

GASTRONOMIANA

34

Ye

2262g

TIRAGE A 400 EXEMPLAIRES.

---

*Il a été tiré, pour les amateurs, quarante exemplaires
sur papier vergé de Hollande.*

LÉON DE FOS

GASTRONOMIANA

*Proverbes — Aphorismes — Préceptes
et Anecdotes en vers*

PRÉCÉDÉS DE NOTES RELATIVES A

L'HISTOIRE DE LA TABLE

PAR

GEORGES D'HEYLLI (*Edmond-Antoine Poinsot.*)

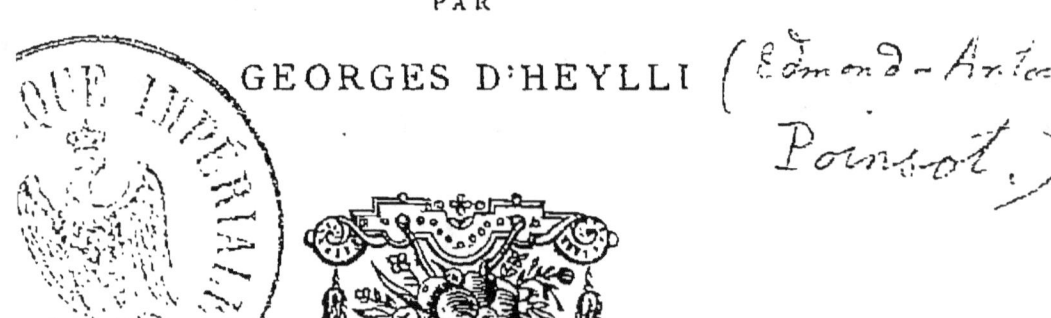

EN VENTE A PARIS

CHEZ ROUQUETTE, PASSAGE CHOISEUL, 85

ET A CLERMONT-FERRAND

CHEZ J. BOUCARD, RUE B. PASCAL, 29

M.DCCC.LXX

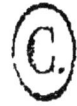

INTRODUCTION

L'AUTEUR de ce petit volume, M. de Fos (Augustin-Léon-Fortuné), est mort quelques jours à peine après le commencement de l'impression de son livre. C'était un esprit fin, délicat et distingué ; attaché à l'administration des forêts, d'abord pour les propriétés particulières des rois Charles X et Louis-Philippe, puis pour les domaines de l'État, il donnait tous ses loisirs à la littérature, qu'il aimait passionnément. Très-lettré, mais sans pédanterie, il cultivait surtout la poésie ; plusieurs journaux ont donné de ses vers, mais ils ont également publié des articles de lui sur divers sujets, et où M. de Fos laissait libre cours à la fantaisie charmante de son esprit.

En 1859, M. de Fos avait pris sa retraite ; il s'était alors retiré en Auvergne, auprès de sa sœur et de ses enfants. D'une vie douce et facile, aimant le repos et les joies de la famille, il vivait heureux au milieu des siens et entouré d'amis qui savaient apprécier la sympathique facilité de son commerce. C'est là que, le 11 juin 1869, M. de Fos succomba à la suite d'une pleurésie, et dans sa soixante-douzième année, laissant pour tout bagage littéraire le mince volume dont nous avons été chargé de préparer et de surveiller l'édition.

Mais les plus longs ouvrages ne sont pas toujours les meilleurs, comme le dit un vieil adage qui a eu bien souvent raison. Le lecteur trouvera dans le volume de M. de Fos de l'esprit, du goût, de jolis vers, de spirituelles pensées très-originalement et finement exprimées, et un fonds de gaieté et de bonne humeur qui est le propre de la « gauloiserie » française. C'est à ces divers titres que le livre de M. de Fos méritait de lui survivre.

GEORGES D'HEYLLI.

NOTES

A L'HISTOIRE DE LA TABLE

E ne remonterai pas au déluge ; je n'ai point l'intention d'écrire ici une histoire détaillée de la table : un érudit et compétent confrère, M. Louis Nicolardot, a publié, sur ce sujet, un livre[1] trop intéressant, trop bien renseigné, et surtout trop complet, pour que je tente de redire après lui, ou

---

1. *Histoire de la Table* (curiosités gastronomiques de tous les temps et de tous les pays), par Louis Nicolardot, in-18, Dentu, 1868.

autrement que lui, ce qu'il a si bien dit lui-même. Je veux simplement noter, un peu sans ordre et sans suite, et comme au hasard du souvenir et de la plume, quelques traits et anecdotes qui serviront tout naturellement d'introduction au curieux travail que j'ai reçu mission d'éditer. La place m'est d'ailleurs mesurée, et je n'ai pas le droit d'être trop long; que le lecteur soit donc assez bienveillant pour ne point trouver, de son côté, que j'aurais pu être encore plus court, et qu'il me permette de clore ainsi ce préambule, et d'entrer sans plus de façon et aussitôt en matière.

I

Louis XIV, qui fut à coup sûr un grand roi, fut peut-être un mangeur plus grand encore; les mémoires, les correspondances diverses qui nous racontent son règne intime, et par-dessus tout le curieux journal de sa santé, publié il y a quelques années par le savant M. Le Roi[1], ne lais-

---

1. *Journal de la Santé du roi Louis XIV* (1647–1711), écrit par Vallot, d'Aquin et Fagon, tous trois ses premiers médecins, avec notes critiques et historiques par J. A. Le Roi, conservateur de la bibliothèque de la ville de Versailles. 1 vol in-8º, A. Durand, éditeur, rue des Grés, 7 (aujourd'hui rue Cujas), 1862.

sent aucun doute à cet égard. D'ailleurs, c'est
de sa grande époque, illustrée par tant de con-
sidérables personnages dans tous les genres, que
datent véritablement le perfectionnement de l'art
culinaire et le commencement de la grande cuisine française. Louis XIV, qui voulut, nous dit
l'histoire, toujours faire grand et être grand en
tout, avait un appétit prodigieux, dont ses contemporains nous ont transmis de bien étranges
témoignages.

Voici d'abord ce que dit à ce sujet le duc de
Saint-Simon :

Comme il devint, la dernière année de sa vie, de
plus en plus resserré, Fagon lui faisait manger à l'entrée de son repas beaucoup de fruits à la glace, c'est-
à-dire des mûres, des melons et des figues, et celles-ci
pourries à force d'être mûres, et à son dessert beaucoup
d'autres fruits qu'il finissait par une quantité de sucreries
qui surprenait toujours. Toute l'année il mangeait à
souper une quantité prodigieuse de salade... Il mangeait si prodigieusement et si solidement soir et matin,
et si également encore, qu'on ne s'accoutumait point
à le voir.

Donnons maintenant quelques extraits de la
correspondance de la duchesse d'Orléans, cette
lourde et grossière princesse Palatine, dont les
lettres ont un sans-gêne si cru et si curieux à

l'endroit du roi, de Mme de Maintenon et de la cour tout entière.

Voici Louis XIV à table et en famille[1] :

15 octobre 1719.

Le roi ne voulait ordinairement avoir personne à sa table, si ce n'est les membres de la famille du sang. Le roi, assis au milieu, avait à sa droite M. le Dauphin et le duc de Bourgogne, et à sa gauche la Dauphine et le duc de Berry ; dans un des retours étaient assis feu Monsieur et moi, et dans l'autre mon fils et sa femme ; le reste de la table était réservé pour les gentilshommes servants qui nous servaient à table ; car ceux qui servent le roi ne se placent pas derrière le siége du roi, mais en face de lui.

Voici encore le menu d'un de ses dîners, fourni par la même correspondance :

J'ai vu souvent, nous dit-elle, le roi manger quatre assiettées de soupes diverses, un faisan entier, une grande assiettée de salade, du mouton au jus et à l'ail, deux bonnes tranches de jambon, une assiettée de pâtisserie, et puis encore du fruit et des confitures.

1. Il n'y était pas toujours convenable ; le duc de Luynes nous apprend que dans les soupers de Marly, avec les princesses et les dames, le roi s'amusait à leur jeter des boulettes de pain et à en recevoir d'elles.

Le *Journal de la Santé du Roi* nous donne aussi beaucoup de détails sur l'étonnant appétit de Louis XIV et sur les inconvénients qui s'ensuivaient :

Le 4 juin 1708, le matin, après six grandes selles dans la nuit, et trois en se levant, le roi partit pour Meudon, où Monseigneur l'attendait à dîner, en résolution d'y peu manger. Mais, pressé par la faim et tenté par la bonne chère et le nombre des ragoûts nouveaux, il mangea beaucoup et de diverses choses. Le dîner fini, le ventre s'ouvrit, et le roi fit cinq grandes selles avant que de partir.

A la suite de cette imprudence, d'ailleurs cent fois renouvelée, le roi fut le lendemain assez vivement indisposé :

Fatigué et abattu, il fut contraint de manger gras le vendredi, et voulut bien qu'on ne lui servît à dîner que des croûtes, un potage aux pigeons et trois poulets rôtis; le soir, du bouillon pour y mettre du pain... Le lendemain, les croûtes, un potage avec une volaille et trois poulets rôtis, dont il mangea, comme le vendredi, quatre ailes, le blanc et les cuisses. A quatre heures et demie après dîner, il fit une selle mêlée de matières en commencement de boudins et quelques restes d'humeurs.

Mais le roi était incorrigible, les exigences de son colossal appétit retardaient ou même empêchaient tout à fait le résultat heureux des nombreux remèdes qu'on lui administrait. Ainsi, en 1708, étant souffrant, il prend médecine :

> Le cours de cette médecine fut encore brusquement arrêté, dit Fagon, par le dîner du roi, qui mangea beaucoup, et entre autres choses, outre les croûtes, le pain mitonné en potage et les viandes fort solides ; combla la mesure à son dessert avec des vents faits avec du blanc d'œuf et du sucre cuits et séchés au four, force confitures et biscuits bien secs ; ce qui, joint à quatre grands verres en dînant et trois d'eau sortie de la glace après dîner, donna au roi sujet de se plaindre...

L'année suivante, en 1709, — le roi avait alors 71 ans, — Louis XIV mange avec extravagance, et au mois de septembre il devient malade par excès de son singulier régime :

> Il a souffert par la variété des differentes choses qu'il mêle le soir à son souper, avec beaucoup de viandes et de potages, et entre autres les salades de concombres, celles de laitues, celles de petites herbes, lesquelles, assaisonnées comme elles le sont de poivre, sel et très-fort vinaigre en quantité, et beaucoup de fromages par-dessus, font une fermentation dans son estomac, etc...

On voit qu'un tel abus de nourriture avait pour le grand roi des effets souvent fâcheux ;

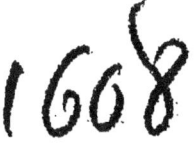

le curieux journal publié par M. Le Roi en cite, à tous moments, surtout dans les dernières années de la vie de Louis XIV, de très-fréquents exemples :

Le samedi 6 février 1700, le roi fit une grande selle à cinq heures du matin ; après dîner S. M. en fit encore deux, le lendemain trois, et le lundi 8 autant... Le mercredi 10 il fut purgé dix fois, et le lundi 16 mars neuf fois... ; le mercredi 30 juin douze fois....; le 20 juillet il eut quatre selles dans le jour ; mais ayant bien voulu peu souper, et pendant quelque temps ne pas manger de petits pois, dont ses selles étaient remplies, cela fut terminé sans retour.

Dans la nuit du 8 au 9 octobre 1701 le roi se leva trois fois pour faire trois selles d'humeurs émues (*sic*) par la médecine... Le dimanche 9 il fut dix fois à la garde-robe.

Le 21 août 1702 il va dix fois à la selle, après avoir trop mangé d'huîtres, de sardines et de salerins.

A Marly, en août 1704, il va vingt-cinq fois à la selle en deux fois vingt-quatre heures.

Le 5 octobre 1705 il est purgé. Le soir, dînant avec le roi d'Angleterre, et s'étant retenu, il eut le ventre gonflé et se releva deux fois dans la nuit pour faire deux grandes selles...

Je ne multiplierai point ces citations ; on voit que jamais prince ou personnage quelconque ne fut plus drogué et médicamenté que le grand roi ; le journal de sa santé le montre constamment, on peut le dire

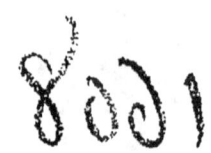

sans jeu de mots, en véritable et complet dés-
habillé. Le récit des purgations et des selles du
monarque y occupe une place vraiment considérable; il en est question à chaque page et
presque à chaque ligne, principalement dans les
derniers temps de sa vie, où Louis XIV, devenu
extra-bigot, ayant renoncé aux femmes, ne faisant plus la guerre, était blasé un peu sur toutes
les distractions et sur tous les plaisirs, hormis
cependant sur ceux de la table. Malheureuse-
ment, le journal des trois médecins du roi s'arrête au moment même où il allait devenir encore
plus intéressant; il se termine avec le mois d'août
de l'année 1711. Il eût été bien curieux cependant d'avoir, de la main même de son médecin,
le récit détaillé de la dernière maladie du monarque, ainsi que celui de sa mort, dernière maladie sur les causes de laquelle les contemporains, et particulièrement Saint-Simon et Dan-
geau, ne sont pas toujours d'accord.

II

Sous Louis XV, il n'est plus question de repas
d'apparat et solennels, de grands dîners où le
roi est le seul convive, mais où il trône majes-

tueusement et magnifiquement[1]. Le règne de son successeur est, au point de vue de la table, le règne des plaisirs secrets et légers, parfois même orduriers, des petits soupers, des festins graveleux, des repas discrets, soit en tête-à-tête, soit au milieu d'une société spécialement choisie parmi les personnages les plus licencieux des deux sexes de la cour de Louis XV. J'ai raconté moi-même un de ces soupers dans mon étude sur Mme du Barry[2]; c'est un des petits soupers de la fin du règne, où le roi, usé et blasé, apporte avec lui son royal et incommensurable ennui :

Versailles, ce grand palais solennel qui rappelait de si puissants souvenirs, n'était favorable ni aux folies de la table, ni aux amours légers ; aussi le roi s'y plaisait-il moins qu'à Choisy, où il allait deux fois par semaine, en compagnie de quelques privilégiés et d'un nombre de dames restreint, mais qui étaient condamnées à un excès prodigieux de gaieté et d'esprit sous

1. « Louis XIV mangeait seul, et toujours publiquement, nous dit M. Nicolardot dans son ouvrage déjà cité; chacun de ses repas était une cérémonie; tous les plats étaient apportés solennellement et escortés par deux gardes du corps...» (*Histoire de la Table*, p 315.)

2. Dans l'ouvrage intitulé *Cotillon III* (Jeanne Béqus, comtesse Du Barry), 1 vol in-18, publié chez Faure, et aujourd'hui à peu près épuisé. Son éditeur ayant éprouvé une déconfiture, les quelques exemplaires de mon livre restant alors en magasin ont voyagé je ne sais où. Rouquette en a encore une demi-douzaine sur papier de Hollande.

peine de voir le roi s'ennuyer et même s'endormir au milieu d'elles. Dans ce joli et pittoresque château, si coquet, si élégant, et qui n'avait rien de l'aspect grandiose du majestueux Versailles, le roi autorisait toutes licences et permettait toutes folies. Il voulait être amusé avant tout, et l'étiquette était absolument bannie des soupers délicats qu'il offrait à sa petite cour. Douze couverts au plus, liberté et même ordre de tout dire, récits d'anecdotes graveleuses, critiques, médisances, calomnies, où le puissant Choiseul n'était pas lui-même épargné.

C'est à l'un de ces soupers qu'il prit fantaisie à ces convives heureux de célébrer, à tour de rôle, leur bonheur dans des couplets improvisés et dont chacun devait successivement dire quatre vers faisant suite aux précédents. Le précieux recueil manuscrit de Maurepas nous a conservé et transmis cette improvisation en huit couplets, simplement curieux à cause de la haute qualité des improvisateurs :

Le duc d'Ayen

Que l'on goûte ici de plaisirs !
  Où pourrions-nous mieux être ?
Tout y satisfait nos désirs,
  Tout aussi les fait naître !

De Soubise.

N'est-ce pas le jardin,
  Où notre premier père
Trouvait sans cesse sous sa main
  De quoi se satisfaire ?

Le marquis de Rouvray.

Ne sommes-nous pas encor mieux
  Qu'Adam dans son bocage?·
Il n'y voyait que deux beaux yeux,
  J'en vois bien davantage!...

Le duc de Richelieu.

Dans ce séjour délicieux
  Je vois aussi des pommes ·
Faites pour charmer tous les yeux,
  Et damner tous les hommes

Amis, en voyant tant d'appas,
  Quels plaisirs sont les nôtres!
Sans le péché d'Adamas
  Nous en verrions bien d'autres!

Le Roi.

Il n'eut qu'une femme avec lui,
  Encor c'était la sienne;
Ici je vois celle d'autrui
  Et n'aperçois pas la mienne!...

Le duc d'Ayen.

Il buvait de l'eau tristement
  Auprès de sa compagne;
Nous autres nous chantons gaîment
  En sablant du champagne!
Si l'on eût fait dans un repas
  Cette chère au bonhomme,

b

Le gourmand ne nous aurait pas
Damnés pour une pomme [1] !

Louis XV était donc plus gourmet que gourmand [2] ; il aimait les petits plats et cuisinait lui-
même assez bien. Moustier, son cuisinier privé,

1. On avait inventé pour ces petits repas des raffinements
de toutes sortes : « On trouva, nous dit M. Nicolardot,
jusqu'au moyen de se passer de l'office des domestiques. A
Choisy et à Trianon, Louis XV avait une table qu'on mon-
tait de dessous le parquet ; elle portait non-seulement un
service entier, mais encore quatre de ces petites tables ap-
pelées *servantes*, qui fournissaient aux convives les assiettes,
le vin et les autres choses dont ils pouvaient avoir besoin... ;
elles redescendaient avec la même facilité, et dans l'intervalle
d'un service à l'autre l'ouverture se trouvait couverte par
une belle rose de métal »

La liberté que Louis XV tolérait chez ses convives, et que
même il exigeait d'eux, fut imitée, dans de semblables cir-
constances, par quelques princes ses contemporains. Frédéric II, qui fut aussi un grand mangeur et surtout un grand
buveur, au point de s'enivrer souvent, Frédéric II, dont les
dîners duraient parfois trois heures sans interruption, était
enchanté de la gaieté et du sans gêne de ses convives. Quant
à Catherine II, l'impératrice aux trente-six amants, elle aimait, dans les petits soupers de l'Ermitage, à être tutoyée
par ses convives, et elle les tutoyait elle-même avec beaucoup de licence et de sans façon.

2. L'avocat Barbier nous parle souvent de Louis XV à
table dans son amusant *Journal* (1718-63). « Les dîners du
roi en hommes et en femmes sont trés-fréquents et se pous-
sent jusqu'au matin, » nous dit-il en 1738. C'est l'époque
de la faveur de Mme de Mailly. Comme son aïeul, il mangeait « à étonner ». Il était obligé de se purger très-fréquem-
ment, et avait des indigestions constantes. Les menus de
ses repas nous le montrent cependant, comme je viens de le
dire, plus gourmet que gourmand. C'est surtout son régime
qui était irrégulier et mauvais.

était un personnage à la cour ; il était admis dans l'intimité la plus particulière du roi, et lui donnait des conseils culinaires que ce prince mettait, dit-on, très-habilement en pratique. Il faisait, en effet, très-bien le thé et le chocolat, et il aimait à le servir lui-même à ses convives. Quant à son goût pour le café, il se manifestait en toute occasion ; il le faisait assez généralement lui-même après dîner dans ses petits appartements, et parfois aussi au moment du repas quand il dînait chez les autres.

Le duc de Luynes, ayant reçu la visite de Louis XV en son fastueux château de Dampierre, en 1748, raconte ce qui suit au sujet du repas qu'il donna au monarque :

Le roi se mit à table avant neuf heures ; j'eus l'honneur de le servir pendant près d'une demi-heure ; il m'ordonna ensuite de me mettre à table. Il prit son café au sortir de table ; c'est du café qu'il fait lui-même ; il l'avait commencé avant son souper et le finit pendant qu'il était à table.

Le roi savait encore très-bien réussir les omelettes, et les poulets à certaines sauces, et il fabriquait des pâtés dont il faisait de temps à autre l'envoi à ses courtisans privilégiés.

Quoique moins gros mangeur que son aïeul, Louis XV ne fut guère moins incommodé que lui par le régime irrégulier de toute sa vie. Il eut toujours le corps fort délabré par l'abus des soupers à plats fins et épicés, peu naturels, destinés à exciter les sens, mais fort mauvais pour la digestion et pour l'estomac. Barbier, que je citais tout à l'heure, constate à de fréquentes reprises l'état de santé du monarque compromis par l'excès et l'irrégularité de ses repas. Louis XV était purgé, lui aussi, très-souvent ; si les médecins de son intimité avaient tenu le journal de la santé de leur maître, comme l'avaient fait ceux de Louis XIV, il est probable qu'en additionnant le nombre des remèdes pris par l'arrière-petit-fils et l'aïeul, on n'obtiendrait pas une différence bien considérable dans le résultat des deux additions !...

III

On a beaucoup parlé du goût de Louis XVI pour la table ; c'est plutôt pour « le manger » qu'il fallait dire. L'infortuné petit-fils de Louis XV était, avant tout, un mangeur, et un gros et terrible mangeur ! Il n'aimait ni les petits plats ni les plats fins, mais bien les grosses viandes, les rôtis bien saignants, les poulets, qu'il absorbait tout entiers ; en outre, il mangeait vite

et salement, se servant souvent de ses doigts pour
sucer les os jusqu'au dernier morceau de viande,
et les jetant ensuite autour de lui. A table, il
était toujours pressé et glouton ; la reine souf-
frait beaucoup, nous raconte Mme Campan dans
ses amusants mémoires, de la tenue du roi à ses
repas, tenue qui était toujours aussi peu convenable et aussi peu gênée, en quelque société
qu'il se trouvât. Aux repas officiels, auxquels le
public était parfois admis, le roi mangeait de la
même façon, et sa gloutonnerie étonnait fort les
assistants, dont la plupart, n'ayant jamais vu un
roi à table, se l'étaient certainement figuré dans
une attitude toute différente.

D'ailleurs, dans les moments même les plus
critiques de sa vie, le roi eut toujours un appétit
également soutenu. On prétend qu'au voyage
de Varennes, son désir de faire, avant l'arrivée
au rendez-vous donné aux troupes de Bouillé
qui devaient protéger et assurer son départ, un
bon et solide déjeuner à Étoges, chez son premier valet de chambre, M. de Chamilly, lui fit
perdre deux heures tellement précieuses qu'elles
auraient été cause de l'insuccès de sa fuite. Chez
l'épicier Sausse, où il est enfermé à Varennes,
il mange et boit avec avidité du fromage et du
gros vin, et, à plusieurs reprises, il trinque avec
son hôte. Revenant à Paris, en compagnie de

Pétion et de Barnave, il mange et boit dans sa voiture et au milieu d'eux avec le même appé-it indifférent et superbe ! Au 10 août 1792, in-tallé dans la loge d'un journal, à l'Assemblée nationale, il se fait apporter son repas, et, en présence des représentants, qui décident de son sort et dont les yeux sont fixés sur lui, il dîne avec un vorace appétit, et du même air qu'il l'eût fait aux instants les plus tranquilles de sa vie.

Son frère le comte de Provence, qui fut Louis XVIII, mangeait et buvait également beaucoup, mais, en public et même au milieu des siens, il savait se contenir et garder une attitude et une tenue toujours dignes de la majesté royale.

Le comte d'Artois, depuis Charles X, aimait le vin dans sa jeunesse ; c'est Barrère qui nous l'apprend dans ses mémoires. Devenu roi, il avait un appétit modéré, mangeait raisonnable-ment, mais il était, à dîner comme en toutes choses, observateur absolu des lois de l'éti-quette. Lors de son départ pour l'exil, en août 1830, s'étant arrêté à Valognes pour y déjeu-ner, il ne voulut pas prendre place à une table ronde où la place d'honneur n'était pas suffi-samment marquée. Il fallut qu'on cherchât as-sez longtemps dans la ville une table carrée où le roi et sa famille pussent dîner selon les règles établies pour les repas des princes et princesses de la maison royale.

IV

Nous arrivons à l'Empire. Le maître du monde mangeait peu, et surtout il mangeait vite, si vite même que ses convives, habitués au régime impérial, avaient toujours soin de dîner chez eux avant de venir dîner chez lui. Du reste, Napoléon était peu difficile ; il avait l'appétit irrégulier, et sa cuisine le suivait partout ; en dehors des repas d'apparat, il mangeait à toute heure et en tout lieu, selon sa fantaisie ou quand il en avait le temps.

Cependant sous son règne la cuisine ne fut point délaissée ; Cambacérès, l'archichancelier, donnait alors à Paris les dîners les plus fins et les plus somptueux ; Talleyrand avait une table recherchée et luxueuse, dont Carême[1], son cé-

---

1. Ce fameux cuisinier resta douze ans chez le prince, et il ne le quitta qu'à la chute de l'Empire. Il devint alors successivement cuisinier des cours d'Angleterre, de Russie et d'Autriche ; il termina sa carrière d'artiste en cuisine chez le baron de Rothschild, celui-là même qui est mort l'année dernière (1868).

lèbre cuisinier, confectionnait les plats; le cardinal Fesch avait des repas de prélats, dont
l'empereur riait souvent, à cause de la qualité
sacrée de son oncle, mais qu'il approuvait, en
revanche, pour leur grand luxe et la grande dépense qu'ils nécessitaient. Napoléon aimait, en effet, que les personnages de sa cour dépensassent
beaucoup, et, sous ce rapport, le cardinal Fesch
donna toujours le bon exemple.

Autour de ces tables fines et distinguées se
pressaient d'aimables mangeurs restés célèbres
aujourd'hui : le chevalier de Cussy, qui a inventé
un gâteau succulent qui porte encore aujourd'hui
son nom [1]; le procureur général d'Aigrefeuille,
homme aimable et dégustateur incomparable;
Joseph Roques, gourmet superfin; Brillat-Savarin, magistrat médiocre et mangeur émérite, et
qui a laissé un livre immortel sur la cuisine, et
un gâteau non moins bon que son livre; le marquis de Villevielle, qui mangeait beaucoup, et
dont cependant la maigreur était proverbiale,
etc ..

----

1. Excellent gâteau dont un pâtissier de Paris, Bourbon-
neux, place du Havre, ancien petit pâtissier à Nogent-sur-
Seine (Aube), a aujourd'hui l'exclusive spécialité.

V

Mais bien d'autres gourmets ou amateurs de la cuisine se sont distingués aux diverses époques dont nous venons de parler. Nous citerons simplement, en regard de leurs noms, les plats qui les ont immortalisés. L'excellent livre, déjà cité, de M. Nicolardot, nous fournit une bonne partie de cette nomenclature.

Mazarin a donné son nom à un pain, à des pâtés et à des ragoûts ;

Mme de Sablé inventa plusieurs sucreries pour desserts et divers plats sucrés ;

Le duc de Montausier mit en usage les grandes cuillers et les grandes fourchettes ;

On doit à Mme de Montespan une sauce qui porte son nom ;

La duchesse de Bourgogne composa également une sauce assez singulière, dans laquelle entraient à la fois du sucre et du vinaigre ;

Le marquis Louis Nointel de Béchameil avait inventé une quantité d'accommodements et de sauces diverses qui ont transmis son nom à la postérité [1] ;

1. Ancien frondeur, puis financier, Béchameil, malgré son

On doit à Regnard, l'immortel auteur du *Légataire universel* et du *Joueur*, la composition de divers potages encore en usage aujourd'hui;

Un fils naturel de Henri IV, le comte de Moret [1], qui aimait et pratiquait le genièvre, en perfectionna la préparation;

Un autre descendant de Henri IV, également petit-fils de l'amour, le poëte Dufresny [2], qui fut valet de chambre, puis contrôleur des jardins de Louis XIV, avait inventé deux plats des plus curieux:

1º Un potage fait avec du lait d'œufs frais cuits à la coque;

2º Un plat de noix ou glandes extraites d'une grande quantité d'épaules de veaux;

Alberoni, d'abord jardinier, puis ministre et cardinal, composait de délicieuses soupes au fromage;

On doit au comte de Rumfort les potages qui portent son nom;

goût exagéré pour la table, ne mourut qu'en 1704, étant âgé de près de cent ans.

1. Le comte de Moret (Antoine de Bourbon) était né des amours du roi galant avec la comtesse Jacqueline de Breuil de Moret. Sa mort ou sa disparition, en 1632, ont donné lieu aux suppositions les plus romanesques et les plus invraisemblables.

2. Charles Rivière, dit Dufresny, arrière-petit-fils, dit-on, d'Henri IV et de la belle jardinière d'Anet. On lui doit la jolie comédie de *l'Esprit de contradiction*. Mort en 1724, à 76 ans.

Le régent, qui mourut, comme chacun sait, à la suite d'un trop bon repas, et en d'autres bras que ceux de la religion, avait inventé un pain qu'on vend encore sous son nom ;

Le roi de Pologne Stanislas, qui fut un des hommes les plus gourmands de son temps, donna naissance au gâteau encore connu aujourd'hui sous l'étiquette affriolante de *baba;*

Les bouchées à la reine furent composées, sur l'indication de la fille de ce prince, Marie Leczinska, femme de Louis XV ;

La duchesse de Berry, cette lubrique fille du régent, avait inventé les filets de lapereau dits *à la Berry;*

Les filets de volaille à la Bellevue avaient été imaginés à Bellevue par Mme de Pompadour;

On doit également à cette célèbre maîtresse royale les tendrons d'agneau dits *à la Pompadour;*

Le vol-au-vent à la Nesle est dû au marquis de Nesle;

La chartreuse à la Mauconseil a été transmise par la marquise de Mauconseil;

Les poulets à la Villeroy sont attribués à la maréchale de Luxembourg, duchesse de Villeroy ;

Les cailles à la Mirepoix rappellent la maréchale de Mirepoix;

Les riz de veau à la d'Artois sont de la création du comte d'Artois (Charles X) ;

Étant comte de Provence, Louis XVIII laissa son prénom au potage à la Xavier ;

M. de Bernis, cardinal, poëte et ambassadeur, a attaché son nom aux crêpes ; une tradition, nous dit Dupaty dans ses trop célèbres *Lettres sur l'Italie*, lui attribue de les avoir tournées avec une grâce sans pareille, qui excitait la jalousie de Louis XV ;

Le père du poëte et d'abord pâtissier Charles Simon Favart, à qui on doit la création de l'opéra-comique, a inventé le populaire gâteau qu'on appelle l'*échaudé* ;

Le comte de Saint-Germain, plus connu sous le nom de Cagliostro, avait composé des bonbons en forme de fruits que, dans ses *Mémoires*, M^mo de Genlis déclare excellents ;

J.-J. Rousseau et Mme de Lauzun faisaient admirablement les omelettes ;

Le maréchal de Soubise, quand il recevait Louis XV dans sa maison de Saint-Ouen, lui servait, après la chasse, une omelette composée d'œufs de faisans, de perdrix rouges et d'autres ingrédients si chers, qu'elle revenait à 25 louis.

Je pourrais prolonger encore cette liste, et citer Senac de Meilhan, auteur d'un plat exquis,

aux marrons, et de la soupe aux œufs pochés ;
Suard, qui avait une manière spéciale de faire le
punch et le café ; Sheridan, qui faisait à ravir une
daube à l'irlandaise [1] ; mais je préfère terminer
ici, faute de noms moins connus dans la cuisine
qu'ailleurs, pour en venir à l'un des hommes les
plus originaux qu'elle ait produits au siècle dernier et même en celui-ci.

VI

Au nombre des quelques mangeurs connus
sous le règne de Louis XVI, et dont la célébrité
lui a même survécu, il faut citer, au premier rang,
ce fantasque et bizarre Grimod de la Reynière,
garçon d'esprit, lettré, original, et qui passerait
même un peu, de nos jours, pour être ce qu'on
appelle en langage spécial, dit *de la langue verte*,
légèrement « toqué ».

Grimod aimait la table par-dessus tout, et il
lui consacra sa vie. Un de ses derniers biogra-
phes, Charles Monselet, ne craint pas d'appeler
« un monument » le curieux *Almanach des Gour-*
mands, qu'il fonda pour mieux servir et propager

1. Voir pour tout ceci l'*Histoire de la Table,* de Nicolardot, surtout à partir de la page 392.

ses goûts [1]. D'ailleurs, il n'écrivit point seulement en vue de la table ; il a laissé aussi quelques vers, des articles littéraires et critiques, etc.; mais tout cela est beaucoup plus oublié que son almanach, que d'ailleurs on ne lit guère non plus de nos jours.

Monselet a tenté de ressusciter et de fixer définitivement dans la mémoire de ses contemporains le souvenir de cet étrange personnage, et vraiment il y est parvenu ; son joli portrait de Grimod, tracé par lui de main de maître, est en effet définitif. Je recommande donc aux amateurs de curieuses biographies et de notices amusantes sur « des personnages oubliés ou dédaignés [2] », comme les appelle Monselet, la jolie étude consacrée à Grimod par ce lettré fantaisiste qui est

1. « L'*Almanach des Gourmands*, recueil inestimable, nous dit Monselet, commencé en 1803 et terminé en 1811 avec un succès attesté par de nombreuses réimpressions, contenant tout ce qu'il importe de savoir, depuis les recettes les plus rares et les découvertes les plus importantes jusqu'aux innombrables manières de *friser* et de *bâtonner* les serviettes ; comment il faut s'y prendre pour les plier en coquille simple ou double, en forme de melon, de coq, de rat, de faisan, de perdrix, de poule avec ses poussins ou de pigeon qui couve dans un panier, etc. »

2. *Les Oubliés et les Dédaignés*, figures littéraires de la fin du XVIIIe siècle. Ce volume, qui contient quatorze notices sur des personnages bizarres, dans le genre de Grimod, a été publié en 1859, chez Poulet-Malassis, en deux parties, grand in-18. Il est devenu aujourd'hui très-rare, et c'est bien certainement l'un des mieux écrits et des plus intéressants de son auteur.

un peu, à différents égards, le Grimod de la Reynière de nos jours ; moins fantasque certes, mais
non moins original, plus homme de lettres, il est
vrai, mais aussi gourmand, et prônant à l'égal
de son devancier, et à tout moment, le bon manger et la table, dont il a voulu, lui aussi, pro-
voquer la renaissance, impossible, hélas! en ce
temps dégoûté et blasé! Cette étude de Monselet
est des plus spirituelles et la mieux réussie certainement de celles qui composent son volume.

Il cite les traits les plus incroyables de la vie
aventureuse de son héros, qu'il nous montre sous
toutes ses faces et au milieu de toutes ses extra-
vagances, depuis sa naissance jusqu'à sa mort.
J'emprunterai à cette notice amusante sur Grimod de la Reynière une seule anecdote qui
donnera suffisamment au lecteur la mesure du
genre d'esprit mystificateur et singulier de ce
personnage culinaire.

Voici la lettre que reçurent un matin les membres
du jury dégustateur et une centaine d'autres indi-
vidus :

« Mme Grimod de la Reynière a l'honneur de vous
faire part de la ¡perte douloureuse qu'elle vient de
faire dans la personne de son mari. Les obsèques
auront lieu aujourd'hui mardi, 7 juillet. Le convoi
partira de la maison mortuaire, rue des Champs-
Élysées, n° 8, à quatre heures précises. »

Mort ! Grimod de la Reynière était mort ! Cette nouvelle se répandit dans Paris avec la rapidité de la foudre. Comment était-il mort ? Depuis quand était-il mort ? Personne ne pouvait répondre à ces questions. D'autre part on s'étonna de l'heure inaccoutumée de l'enterrement, qui était précisément celle du dîner ; quelques estomacs en murmurèrent. Néanmoins la plupart de ceux qui avaient reçu des lettres de convocation furent exacts au funèbre rendez-vous..... Reçus dans une salle d'attente, ils apportèrent leur visage chagrin, se demandant l'un à l'autre, à voix basse, comment la mort n'avait pu faire qu'une bouchée d'un tel homme. Pendant ce temps-là des personnages à figure sinistre circulaient, en se transmettant des ordres et en portant par intervalle un mouchoir à leurs yeux.

Tout à coup un signal se fait entendre ; les amis et connaissances croient que c'est celui du départ et s'échelonnent déjà par couple, en se dirigeant vers l'escalier, lorsque, ô surprise ! ô coup de théâtre inattendu ! une porte s'ouvre avec fracas et, laissant échapper un flot de lumières, montre à tous les regards une table gigantesque servie magnifiquement, au milieu de laquelle Grimod lui-même, Grimod vivant, appelle ses amis !

Nous laissons à penser ce que fut ce festin et de quelle gaieté fut suivie la sensation pénible occasionnée par la fausse nouvelle du trépas de l'amphitryon. Grimod de la Reynière, en renouvelant la fantaisie de Charles-Quint au monastère de Saint-Just, avait d'ailleurs un motif : il voulait savoir quels étaient ses meilleurs et ses plus sincères amis, et pour cela, jugeant tout le monde à son aune, il n'avait rien trouvé de mieux que de les déranger à l'heure de leur dîner, estimant, disait-il, qu'un tel sacrifice est la plus grande preuve d'affection qui se puisse donner.

Grimod de la Reynière avait un prénom prédestiné ; on l'avait baptisé Balthazar ! Fils et petit-fils de fermiers généraux, il était né en 1758, et il mourut seulement en 1838, à 80 ans, âge énorme si l'on considère combien un aussi illustre mangeur devait avoir l'estomac et les intestins excités et délabrés par les constants excès de son intempérante existence.

VII

De nos jours la table, hélas ! n'a presque plus d'histoire ; on ne sait plus manger ; les gourmets sont rares, nous n'avons plus guère que des gourmands. On mange beaucoup, mais on ignore, ou plutôt on a oublié l'art de bien manger.

Cependant quelques personnages ont tenu à honneur de se distinguer encore aujourd'hui soit par leur goût pour la table, soit par l'intérêt qu'ils ont porté à l'art culinaire ; Rossini[1], Alexandre

1. Il adorait les petits plats fins français, et surtout son mets national, le macaroni. Il était très-gourmet et aimait beaucoup à acheter lui-même les mets qui paraissaient sur

Dumas [1], le baron Brisse [2], Charles Monselet déjà nommé, et quelques autres, auront un jour leur nom inscrit dans les fastes de la cuisine au XIXe siècle, si tant est que ce siècle dégénéré ait jamais sa place dans l'histoire de la table.

Mais celui qui, de nos jours, a le plus fait pour la table, le vrai gourmet et le dîneur le plus émérite de notre temps, c'est le docteur Véron, que son amour des bons repas,—repas intelligemment composés au double point de vue de la qualité des mets et de la distinction des convives,—conduira peut-être à la postérité beaucoup plus vite et plus sûrement que ses talents littéraires [3] et pharmaceutiques. Sa table a été certainement la plus célèbre et la plus recher-

---

sa table. Personnellement nous avons vu très-souvent le divin maître choisissant chez Chevet diverses friandises qu'un valet portait à sa voiture. La bourse de Mme Rossini payait; il paraît même, nous disait un ami intime du chalet Rossini, à Passy, que ce n'était pas toujours de sa meilleure volonté.

1. Mon ami Octave Lacroix, qui a été l'un des familiers de la maison d'Alexandre Dumas, a tracé, dans le *Moniteur officiel* du 6 mars 1855 un assez amusant portrait de Dumas père, gourmet et cuisinier. J'y renvoie le lecteur.

2. Le baron Brisse est un amateur qui a eu un moment de véritable vogue culinaire, alors qu'il écrivait dans *la Liberté*. Depuis, il a publié dans *le Petit Journal* des menus un peu vulgaires qui sentent plutôt le repas de la gargotte que celui de la table élégante et bien servie.

3. La première série de ses *Mémoires d'un Bourgeois de Paris* (Lévy, 5 vol. in-18) n'est cependant pas trop à dédaigner.

chée de notre époque. L'immortelle Sophie, son cordon bleu, a même joué de temps à autres un rôle important non-seulement à table, mais aussi dans les petites choses de la politique; à certaines heures elle a eu, sur quelques-uns des personnages haut placés qui hantaient la table de son maître, une influence qu'on ne saurait nier, et elle a même obtenu des grâces, des places, des emplois, à la faveur de son illustre tablier! Dernier trait! la table du docteur a été si connue et si estimée qu'elle avait déjà eu, — moins d'un an après la mort de son amphitryon, — son historien et son histoire.

Cette histoire, écrite par M. Joseph d'Arçay[1], a été publiée d'abord en plusieurs articles dans le *Figaro*, le journal aux 50,000 exemplaires, sous ce titre piquant : *Souvenirs de la Salle à manger du docteur Véron.* Le succès qu'obtinrent ces articles, l'approbation flatteuse de plusieurs anciens dîneurs du docteur, entre autres et surtout d'un éminent écrivain qui devait sitôt le rejoindre dans la tombe[2], encouragèrent leur au-

---

1. Un pseudonyme emprunté, je ne sais où, par un des dîneurs de M. Véron, le docteur Bonnet de Malherbe. Voy. mon *Dictionnaire des Pseudonymes*, Dentu, 2e édit., 1869, aussi bien pour ce médecin-écrivain que pour l'illustrissime Sophie, qui en réalité ne se nommait pas Sophie.

2. Sainte-Beuve, de l'Académie française, mort le 13 octobre 1869, un peu plus de deux ans après le docteur, qui

teur à les réunir en un coquet petit volume, qu'un éditeur aimé des bibliophiles, M. Alphonse Lemerre, a mis en vente[1] dans son artistique vitrine du passage Choiseul.

C'est surtout de 1849 à 1853, au moment le plus haut de l'influence et de la faveur politiques du docteur, que sa table mérita son illustration. M. Véron demeurait déjà rue de Castiglione, au coin de la rue de Rivoli, vis-à-vis la grille des Tuileries qui conduit à l'allée du pont de Solférino ; c'est là d'ailleurs qu'il est mort. L'appartement était assez vaste, confortable, mais d'une grande simplicité. La table était strictement de douze couverts, et il ne fut jamais dérogé à la règle que s'était imposée le docteur, en faveur d'un convive supplémentaire. Les dîneurs, qui se succédaient en deux séries, étaient donc environ vingt-six ou vingt-huit, tout au plus. La table étant toujours ouverte, les habitués s'informaient, en arrivant, si le nombre obligé était atteint, et, dans le cas affirmatif, ils s'ajournaient à un autre dîner.

M. d'Arçay nous cite les principaux convives

était parti pour l'autre monde en pleine exposition universelle, le 27 septembre 1867.

1. *La Salle à manger du docteur Véron*, un joli vol. in-18, précédé d'une curieuse lettre adressée à l'auteur par M. Sainte-Beuve ; chez Alph. Lemerre, 47, passage Choiseul. Paris, 1868.

de ces curieuses et spirituelles agapes, fort en-
viées et fort recherchées. C'étaient d'abord
Sainte-Beuve, Roqueplan, Ars. Houssaye, Ma-
litourne, le préfet Romieu, le journaliste Boilay,
trois compositeurs illustres : Halévy, Auber et
Ad. Adam ; plusieurs médecins : les docteurs Vel-
peau, Ricord, Dubois (d'Amiens), Blache, Bonnet de Malherbe, Behier, Tardieu, Trousseau, etc.
Puis venaient des amis intimes et particuliers du
docteur : Millot, son commensal et confident ; Léon
Lambert et Edmond Didier, que la protection du
docteur Véron avait fait nommer sous-préfets ;
M. Charles Daugny, un gai et spirituel convive ;
enfin MM. Albéric Second, Mocquard et Granier
de Cassagnac. Le théâtre fournissait aussi son
contingent d'habitués : le comte Gilbert des Voisins, mari de la célèbre danseuse Taglioni ; des
actrices, au nombre et en tête desquelles Mlle Rachel, puis Mme Roger de Beauvoir (au théâtre
Mlle Doze), Mlle Favart, devenue depuis une
éminente sociétaire du Théâtre-Français ; Mme Do-
che, et enfin Mlle Lemercier, l'amusante et es-
piègle soubrette de l'Opéra-Comique.

Quant au menu de ces repas, M. d'Arçay se
garde bien de nous les faire connaître, et il nous
donne de son silence une excellente raison :

Je ne veux point entrer dans des détails qui ne

pourraient guère plaire qu'aux lecteurs assidus des menus du baron Brisse. Il me suffira de dire que la table du docteur Véron était ce qu'elle devait être chez un épicurien-hygiéniste : saine, abondante et élégamment servie, digne en un mot de l'amphitryon, de ses convives, et de l'éminente artiste qui en avait la direction, l'illustre Sophie.

La table était abondamment pourvue de vins ; le champagne frappé et un bon bordeaux en faisaient la base, mais le docteur faisait placer régulièrement devant lui une bouteille de vieux château-Laffitte dont il n'offrait à ses convives que les jours d'*extra*.

Chacun se levait de table quand il voulait ; l'amphitryon, qui passait presque toutes ses soirées au spectacle, partait presque toujours le premier. Ceux qui voulaient prolonger la conversation restaient à table ou passaient au salon.

Un jour de la semaine était réservé pour les dîners *priés* : c'était habituellement le vendredi. Ce jour-là le docteur recevait les personnages les plus importants de l'État ; c'était une petite satisfaction d'amour-propre, et comme ces dîners étaient fort bien portés, il ne rencontrait que le plus gracieux empressement à les accepter. Il était tellement sûr de son succès à cet endroit, qu'un jour il se passa la fantaisie de faire dîner chez lui Rachel avec le comte Molé et le général Changarnier. La grande tragédienne fit les frais et le dîner fut charmant.

Telle fut cette table célèbre, la dernière qui ait laissé un nom dans l'histoire culinaire de notre temps. D'ailleurs, aujourd'hui, où les conditions de l'existence varient et se modifient tous les jours, les vrais amis de la gourmandise et de la table ne dînent même plus chez eux. Ils vont « au cabaret »; c'est là, soit au Café anglais, soit chez Philippe, Durand, Magny, Foyot et quelquefois Peters, que se donnent et se rendent les meilleurs repas; dîners fins certainement et où d'habiles cuisiniers se distinguent encore, mais sans se surpasser jamais. Il faut bien le reconnaître, hélas! — et c'est aux gourmands du présent et de l'avenir que cet hélas s'adresse — chez nous la table, la vraie table, comme l'entendaient nos pères, est bien morte, morte à tout jamais, puisque, comme je le disais tout à l'heure, elle n'a déjà plus d'historiens et encore moins d'histoire!

Neuilly-sur-Seine, octobre 1869.

GEORGES D'HEYLLI.

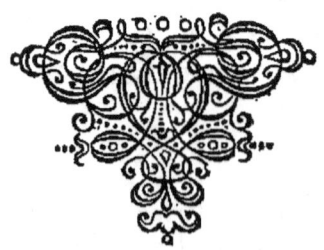

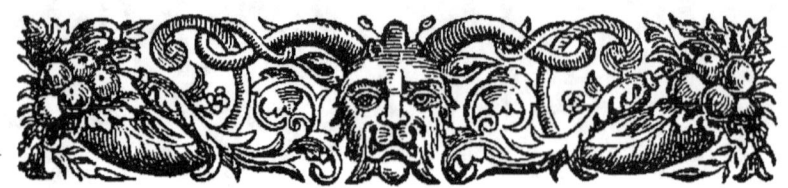

PRÉFACE

L'auteur de cet opuscule s'était amusé, dans les moments de loisir que lui laissaient de plus sérieuses occupations, à mettre en vers les proverbes connus, ou dignes de l'être, de toutes les époques et de toutes les langues, en reliant ensemble ceux qui présentaient quelque analogie, et en les entremêlant d'aphorismes, de réflexions et au besoin d'historiettes et de bons mots, travail qu'il divisa, vu l'abondance de la matière, en deux grandes sections :

Les Proverbes moraux,
Les Proverbes amusants.

C'est de cette dernière section que sont tirés, en

grande partie, les Proverbes et Aphorismes qu'il lance aujourd'hui dans le public, à titre de ballon d'essai, se réservant, en cas de réussite, de publier quelques autres séries de proverbes ; car, pour les auteurs comme pour les ambitieux et les gastronomes, l'appétit vient en mangeant.

Cette publication isolée paraîtra d'ailleurs d'autant plus rationnelle que, par la nature du sujet, elle s'adresse à une classe d'amateurs, hommes de goût sans doute, mais, en général, aimant mieux les vivres que les livres, et plus connaisseurs en bons morceaux de table qu'en beaux morceaux de littérature.

On ne manquera pas de remarquer que l'auteur a emprunté un certain nombre d'aphorismes à l'illustre Brillat-Savarin et aux autres prosateurs de la table. C'était son droit, c'est son bien qu'il trouvait éparpillé et qu'il a réuni en faisceau pour en former une guirlande de fleurs, une pyramide de fruits, une pièce montée, une assiette assortie, une olla-podrida. En les mettant en vers, d'un style simple et familier, approprié au sujet, en les développant et en les complétant pour leur donner plus de sel et de relief, son but a été de les populariser davantage. C'est le vaccin qu'il a

employé pour les inoculer dans les esprits ; c'est
la mnémonique dont il s'est servi pour mieux les
graver dans la mémoire ; c'est la sauce qu'il a
épicée pour faire manger le poisson.

Les proverbes et locutions proverbiales qui ap-
partiennent à tout le monde, parce qu'ils n'appar-
tiennent à personne, ont été suffisamment indi-
qués, sauf dans quelques cas exceptionnels, et
spécialement pour les proverbes étrangers, par leur
impression en caractères italiques.

Quant aux emprunts faits de côté et d'autre,
l'auteur n'a pas cru devoir les signaler isolément,
pour ne pas faire confusion et surcharger encore
de notes son œuvre légère ; mais les aphorismes de
Brillat-Savarin sont si connus, qu'il est impossible de ne point les reconnaître, à première vue,
sous leur enveloppe rimée ; les autres, pour la plupart du moins, reproduits textuellement dans les
divers traités et recueils gastronomiques sans
indication de source et d'origine, ou appartien-
nent au vieux Grimod la Reynière, le maître à tous,
ou ne sont que des fruits anonymes, des dictons
populaires, tombés de la table dans le domaine
public. D'ailleurs, par la forme du style, les mo-
difications apportées, l'agencemeut des pensées et

les additions faites, en un mot par les déguise-
ments de la cuisine, l'auteur pense se les être en-
tièrement appropriés. Il croirait toutefois man-
quer à l'équité et à la délicatesse s'il ne confes-
sait hautement qu'il doit un certain nombre de
traits spirituels et d'expressions heureuses, non-
seulement aux œuvres de Grimod la Reynière,
*mais encore au code gourmand d'*Horace Raison,
*au Paris à table d'*Eugène Briffault, *au Paris-*
restaurant, sans nom d'auteur, etc.....[1] *Il n'a rien*
pris aux poëtes, c'eût été les copier.

On remarquera sans doute aussi que quelques-
uns de nos proverbes ou aphorismes sont contra-
dictoires. C'est le sort de toutes les choses hu-
maines. Il n'y a rien d'immuable et d'absolu dans
ce bas monde, qui ne vit que de contradictions,
d'oppositions et de contrastes. Tout varie, au phy-
sique et au moral, d'après les latitudes et selon
les époques. Ce qui est beauté en Cafrerie est lai-
deur en Europe; le vol, honoré à Sparte, est en-

---

1. Ainsi, nous avons emprunté à Hor. Raison le sujet et
les principaux traits des petites pièces sur le réveil de la faim,
les toasts, les moines, le cochon et le réveillon; à Eug. Briffault, la description des anciens restaurants et les anecdotes
intitulées les *Deux Rivaux* et le *Plat d'épinards*, au *Paris-
Restaurant* les imprécations contre les dîners à prix fixe, etc.

core puni en France ; les veuves de Malabar se brûlaient sur le bûcher de leur époux, et les nôtres, brûlées d'autres feux, n'ont rien de plus pressé que de se recompléter. Enfin nous ne pourrions pas plus nous habituer au brouet des Lacédémoniens et aux nids d'hirondelles de la Chine, malgré les essais de cuisine internationale tentés de nos jours à l'Exposition universelle de Paris, que les Chinois ne s'habitueraient probablement à nos coulis d'écrevisses ou à un plum-pudding à la chipolata.

De là ces proverbes :

« Tous les goûts sont dans la nature »,

« Des goûts et des couleurs il ne faut point disputer »,

« Ce qui nuit à l'un duit à l'autre »,
et le proverbe latin « Quot capita tot sensus[1] », auquel nous croyons devoir substituer, comme rentrant mieux dans notre sujet : « Quot stomacha tot gustus, quot palata tot sapores. »

En définitive, et tel qu'il est sorti de notre alambic ou de notre fourneau, puisse ce plat de notre métier être dévoré par les gourmands, savouré

---

1. « Quot homines tot sententiæ » (Térence, Phormion, II, IV.)

par les gourmets *et goûté par les* friands. *C'est
dans cet espoir que l'auteur souhaite aux uns et
aux autres* bonne chère *pas trop* chère *et* faim
sans fin.

*Et maintenant, messieurs, la main aux dames,
le dîner est servi.*

LIVRE PREMIER

———

PROVERBES & APHORISMES

GASTRONOMIQUES

A Charles MONSELET

A TOI, *cher* MONSELET..., *que je ne connais pas...,*
Mais qu'à mon bord j'ai pris pour voile ou pour hélice,
Car tu t'es fait un nom, dans nos joyeux repas,
Auquel n'atteindra point même le baron Brisse.

TOI, *des deux lauriers le front ceint à la fois,*
Et plein du double feu qu'en nous nature allume;
Qui, poëte et gourmand, sous tes habiles doigts
Fais si bien manœuvrer la fourchette et la plume.

D'un apprenti rimeur, inconnu des gourmets,
A TOI *ces maigres vers qu'aucun sel ne rehausse.*
Ah! pour mieux du public faire agréer ses mets,
Que ne te priait-il d'en composer la sauce!

PROVERBES & APHORISMES

GASTRONOMIQUES

On prend les oiseaux par le bec
Et les hommes par la cuisine.

INTRODUCTION

(ORIGINE DE LA GOURMANDISE).

L orsque le Créateur, de ses puissantes mains,
Eut tiré du néant les deux premiers humains,
Du paradis terrestre il fit leur domicile,
Et là, le premier mot qu'il leur dit fut : « *Mangez :*
« C'est pour vous que de fruits ces arbres sont chargés ;
« Je n'en excepte qu'un... Un seul fruit entre mille. »
Et c'est précisément celui qu'il signala
(Car la femme et le diable avaient passé par là)

Qui d'Adam excita l'ardente convoitise.
    D'une bouchée il l'avala.....
    Et l'origine, la voilà,
    De ce qu'on nomme *Gourmandise.*

Le Seigneur, irrité, sur ce globe exila
Le couple qui venait de faire la sottise,
En leur disant d'y croître et d'y multiplier :
Ce qu'ils firent, je crois, sans se faire prier,
Et ce qu'ils auraient fait même sans qu'on leur dise.

Pour nous, leurs successeurs et dignes descendants,
Formés à leur image, ayant comme eux des dents,
Nous avons hérité de leurs goûts..., et tout homme
A dans la bouche encore un morceau de la pomme

CHAPITRE I.

PRÉCEPTES GÉNÉRAUX[1].

I.

Tout l'univers ne vit que par la nourriture :
C'est l'instinct général, la loi de la nature,
   Et l'on ne peut y déroger.
Des sucs du sol la plante aspire le mélange,
D'herbe ou chair l'animal se repaît, l'homme mange,
  Seul l'homme d'esprit sait manger.

1. En tête des quinze préceptes généraux, nous plaçons, traduits presque littéralement, cinq aphorismes de Brillat-Savarin qui, le premier, a mis ce que Montaigne appelait « art ou science de la gueule » en sentences et apophthegmes. Nous lui devions bien cet hommage, puisque ce sont ses aphorismes en prose qui nous ont donné l'idée de nos aphorismes en vers.

2.

En faisant de la nourriture
La loi de toute créature,
Le Seigneur, toujours excellent,
D'un autre côté lui dispense
Et l'appétit pour stimulant
Et le plaisir pour récompense.

3.

La table est le seul lieu, n'importe où l'on demeure,
Où l'ennui n'entre pas pendant la première heure.

4.

Le plaisir de la table a seul cet avantage,
Qu'il est de tout pays, de tout sexe et tout âge.
A tous autres plaisirs il peut s'associer;
Et quand des goûts mondains la cohorte déserte,
   Il reste encore le dernier
   Pour nous consoler de leur perte.

5.

Par leurs goûts seuls les gens veulent être jugés;
Il n'est pas, croyez-moi, de meilleures lunettes.
   Dites-moi ce que vous mangez,
   Je vous dirai ce que vous êtes.

6.

Ne manger par jour qu'une fois
Est, dit-on, le propre d'un ange.
L'homme va jusqu'à deux ou trois,
La bête seule toujours mange.

7.

Ce qui surtout met l'homme au-dessus de la brute,
    Grâces à Dieu ! c'est de pouvoir
Songer dès le matin, sans craindre obstacle ou lutte,
    A ce qu'il mangera le soir.

8.

A table, ainsi qu'au lit, vite passent les heures :
Ne perdons pas un seul de ces instants si courts ;
    Car des soupes et des amours
    Les premières sont les meilleures [1].

9. *Satisfaction de l'estomac.*

Quand de l'estomac..., chose sainte !
A sonné l'heure du berger,
    Hâtons-nous de gagner l'enceinte
Qu'on nomme réfectoire ou bien salle à manger.

1. Prov. espagnol.

Se nourrir est de Dieu lui-même
Obéir à l'ordre suprême :
Ventre vide, point de santé,
Et ventre à jeun, *point de gaieté* [1].
Oui, de l'art de guérir c'est la pierre de touche ;
Pour nous rendre la force ou nous dònner du ton,
C'est le plus sûr agent, la plus active douche...
Et, comme dit un vieux dicton :
« L'homme ainsi que le four s'échauffent par la bouche [2] »

10. *Plus de querelles à table.*

Qu'il soit, dit-on, maigre ou ventru,
Homme à jeun est homme bourru [3].
Mais dès qu'on est à table, en mangeant plus de luttes ;
Nappe mise termine et clôt bien des disputes [4].
L'esprit le plus chagrin, l'être le plus rugueux,
Sent, à l'aspect des mets, que son humeur chancelle,
Et toujours *querelles de gueux*
Se raccommodent à l'écuelle.

11. *Amitié de table.*

A table l'on ne vieillit pas [5],
Car *à table point de mémoire.*

1. Prov. espagnol : « Con tripa vaca no hay alegria. »
2. Prov. espagnol.
3. Prov. anglais : « An hungry man, an angry man. »
4. Prov. juif.
5. Prov. attribué à Mme de Thianges ou au célèbre gour-

Partant, point d'ennuyeux débats,
Point de propos et point d'histoire.
C'était l'usage à Sparte : au début du repas,
Un des vieux assistants criait d'une voix forte :
« Buvez, causez, riez, sans crainte ni souci,
« Et souvenez-vous tous qu'aucun mot dit ici
    « Ne doit sortir par cette porte[1]. »
La rose, du silence emblème ingénieux,
Ornait alors le front des convives joyeux,
Et chassait toute idée importune ou morose.
La rose, à Rome, était suspendue au plafond,
Et le mur indiquait, soit en vers, soit en prose,
Que l'on doit entourer d'un mystère profond
    Tout ce qui se dit sous la rose[2].
    A ses libres épanchements
Aussi se livrait-on sans aucune contrainte,

---

mand Broussin, mais beaucoup plus ancien, et qu'on trouve cité dans le *Ramas de propos vulgaires* de Laurent Joubert (1579).

1. Usage introduit primitivement à Sparte, par une loi de Lycurgue.

2. Expression latine familière aux Allemands et aux Anglais.

On a trouvé ces quatre vers inscrits sur une dalle de marbre antique :

> Est rosa flos Veneris cujus quo furta laterent
>   Harpocrati matris dona dicavit amor;
> Inde rosam mensis hospes suspendit amicis,
>   Convivæ ut sub ea dicta tacenda sciant.

La même pensée se trouve aussi exprimée dans les vers grecs de saint Grégoire de Nazianze.

Et les plus tendres sentiments
Succédant à la haine éteinte,
Des cœurs mis en contact fuyait l'inimitié.
De là cette pensée agréable et flatteuse
Que *la table est de l'amitié*
La plus fidèle entremetteuse.
Oui, j'en pourrais citer maint exemple au besoin :
L'amitié se réchauffe au feu de la cuisine ;
Et j'irai même encor plus loin :
Il n'est d'amis que ceux avec lesquels on dîne.

12. *Le Rire à table.*

« A table, a dit en France un chansonnier d'esprit [1],
« *Plus on est de fous, plus on rit.* »
Mais d'Albion d'après les gourmands émérites :
« Plus on est de mangeurs, plus les parts sont petites [2]. »
Ce qui faisait dire à l'un d'eux
Devant une volaille à point cuite en sa barde :
« Pour la manger entière, il faut n'être que deux,
« Soi d'abord, et puis la pourlarde. »
Ainsi d'un peuple à l'autre on voit les goûts changer :
Les Anglais vivent pour manger,
Et les Français mangent pour rire.
Pour mon compte, en riant point ne crois déroger.
Érasme nous l'a dit, et de lui je m'inspire :
« A fuir est le repas le mieux coordonné,

1. Armand Gouffé.
2. Prov. anglais : « The ferver, the better chear. »

« Celui que le plus on admire,
« Si d'un grain de folie il n'est assaisonné. »

13. *Une seule bouche.*

La nature, toujours féconde en ses merveilles,
Aux hommes a donné deux yeux et deux oreilles,
Deux bras, deux pieds, deux mains : tout par deux, rien par trois.
Mais ce qui de sa part m'étonne et m'effarouche,
Est de n'avoir à l'homme octroyé qu'une bouche [1]:
Il ne peut faire, hélas! deux dîners à la fois.
    On nous a peint la Renommée
    Par cent bouches nous décevant,
    Mais ce n'était rien que fumée,
    Elles étaient pleines de vent.
    Sans envier celle d'un autre,
    Contentons-nous donc de la nôtre,
Non pour donner sortie à futiles discours;
    Qu'au contraire elle donne entrée
    A chair ample et bien préparée,
    Et qu'elle soit pleine toujours
    Sans jamais être saturée.

14. *La Faim* (côté politique).

Remplir son estomac et mettre en jeu sa bouche
Est le premier besoin qu'il faille contenter.

[1]. Dionysius Cato.
    Os unum natura, duas formavit et aures.

Qui soupe bien dort bien[1]; qui sans souper se couche
    Passe la nuit à s'agiter[2].
On peut sans doute en cette vie,
Quand on est alléché par l'âpre soif du gain,
Ou, bien mieux, pour sauver la vie à son prochain,
    De dormir secouer l'envie,
    Mais non pas secouer la faim[3].
Elle est, comme l'on sait, la meilleure des sauces[4];
Avec elle il n'est point, dit-on, *de mauvais pain;*
    Et quand on n'a rien sous la main,
Ventre creux aux mortels enseigne bien des choses[5].
    J'entends dire qu'en peu d'instants
La froidure et la faim font capituler l'homme[6].
    Moi, je crois que la faim, en somme,
    Est le plus vif des excitants.
    Le cœur ne donne pas du ventre,
    Mais le ventre donne du cœur[7].
Et si dans la maison la famine un jour entre,
On brave tout obstacle et l'on en sort vainqueur.
Pour apaiser le feu qui brûle nos entrailles,

1. Prov. italien : « Chi ben cena, ben dorme. »
2. Prov. italien : « Chi va a letto senza cena, tutta la notte si dimena. »
3. Prov. italien : « Chi si cava il sonno, non si cava la fame. »
4. Prov. italien : « La fame è il miglior intingolo. »
5. Prov. italien : « Tutte le scienze insegna il ventre. »
6. Prov. espagnol : « Hambre y frio, entregan el hombre a su enemigo. »
7. Prov. espagnol : « Tripas llevan corazon que no corazon tripas. » Le prov. allemand dit : « La nécessité met le cœur au ventre. » (Noth lehrt Muth.)

La faim trouve à passer à travers les murailles[1],
La faim à loup à jeun fait briser le loquet[2],
Au cheval affamé nettoyer sa mangeoire[3],
Et l'on a vu parfois un simple paltoquet
Trouver à son malheur un prompt échappatoire
Par les efforts qu'en lui le besoin provoquait.

Mais cette même faim, nécessité première,
Est quelquefois aussi mauvaise conseillère :
    Nous l'avons vue, en nos cités,
Sur ses pas entraîner le pillage et l'émeute ;
Et les gens des fauxbourgs, par ses cris excités,
Envahir les palais, comme une ardente meute.
« On couvre de beaux mets la table de l'Iman ;
« Mais que t'importe, à toi, malheureux paysan ? »
Dit le proverbe turc... Oh ! cela fort importe,
Car le besoin lui dit : « Frappe, voici la porte. »
C'est que, suivant un mot qui se comprend trop bien
« Cuillère sèche étrangle ou déchire la bouche[4] ; »
Qu'on peut vivre de peu, mais non vivre de rien[5],
Et qu'enfin la Disette au teint pâle, à l'œil louche,
S'offre toujours à nous sous un aspect farouche.

    Du peuple soumis à ta loi

1. Prov. anglais : « Hunger will break thro' stonewalls. »
2. Prov. russe.
3. Prov. anglais : « An hungry horse makes a clean manger. »
4. Prov. russe.
5. Prov. écossais : « A man may live upon little, but he cannot live upon nothing at all. »

Toi donc qui, de par Dieu, veilles sur l'existence,
  Que ton premier devoir, ô Roi,
  Soit d'assurer sa subsistance.
  C'est là ta seule force : en vain
  Tu le prêches, tu le conseilles...
  C'est un long jour qu'un jour sans pain,
  Et *ventre à jeun n'a point d'oreilles*[1].

15. *La Faim* (côté mondain)[2].

En ce monde, où des biens les parts sont inégales,
  On divise le genre humain
En deux classes de gens distinctes et rivales :
Les êtres affamés et ceux qui n'ont pas faim[3] ;
Ce qui me remémore un mot mis en quatrain :
« Pour vivre en belle humeur, sans tracas et sans gêne,
« A quelle heure faut-il dîner, bon Diogène ?
    — Es-tu riche ?... quand tu voudras.
  « Es-tu pauvre ? quand tu pourras. »
  Répondit le sage cynique.

1.   « Jejunus venter non audit verba libenter.
                        (...)
Arduum est ad ventrem auribus carentem verba facere.»
                                    (CATON.)

2. Voir la contre-partie de cette pièce au chap. II, p. 33.
3. Le caustique Chamfort disait : « Ceux qui ont plus de dîners que d'appétit, c'est le petit nombre ; et ceux qui ont plus d'appétit que de dîners, c'est le grand. »
Les Chinois disent : « Tout le monde mange, mais peu se rassasient. »

Es-tu riche en effet? dîne et soupe deux fois [1].

Le pauvre n'a qu'un plat unique
Et même il n'a souvent qu'à se lécher les doigts.
En revanche, il est vrai, la nature lui donne
Un robuste appétit, que le riche n'a pas.

On sait, au sortir d'un repas,
D'un épais financier la réponse bouffonne
Au pauvre demandant du pain
Pour calmer au plus tôt la faim qui le talonne.
« Que ce coquin, dit-il, est heureux !... il a faim !...[2] »

Regrets superflus ! C'est en vain
Que l'art du cuisinier l'excite et l'aiguillonne,
Jusqu'à la corde est plein le sac.
A merle soûl, dit-on, *cerises sont amères*[3],
Hélas ! et l'on a beau se forger des chimères,
Quelque gourmand qu'on soit, on n'a qu'un estomac.
A ce double malheur est-il un sûr remède ?
Et comment vous venir également en aide,
Riches rassasiés, affamés indigents ?

C'est un difficile problème,
Qui trouble les esprits les plus intelligents.

Quant à moi, voici mon système :
A notre heure dînons, c'est là le bien suprême,
Mais, nous repus, soyons aux pauvres indulgents.

---

1. « Tu beatior es? bis prande, bis cæna. » (Petrone,
Festin de Trimalcion.)

Ⴒ. Le prov. russe dit : « Rassasié n'entend pas affamé »;
et le prov. italien : « Ventre plein ne comprend pas la faim.»
(Il satollo non crede al digiuno.)

3. Salomon a dit : « L'âme rassasiée méprisera le rayon
de miel. » On dit aussi : « Au dégoûté le miel est amer. »

Sous la main des glaneurs l'enfant de Triptolème
Laisse quelques épis pour leurs besoins urgents ;
    Lorsqu'il avait dîné lui-même,
    César laissait dîner ses gens[1].

1. Prov. angoumois.

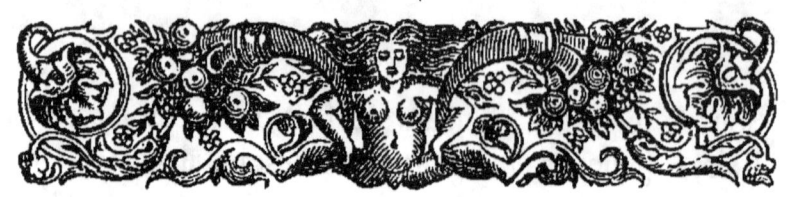

CHAPITRE II.

GOURMANDISE ET GOURMANDS.

---

§ 1. GÉNÉRALITÉS.

1. *Gourmandise.*

On a beaucoup écrit contre la gourmandise,
Et toujours les gourmands sont en majorité.
Quoi que Platon en pense ou Salomon en dise,
Par notre premier père en nos cœurs implanté,
Ce vice aimable et doux, si cher aux gens d'église,
Régnera parmi nous de toute éternité.
Plus que l'amour lui-même en délices féconde[1],

1. On doit à Grimod la Reynière un ingénieux parallèle entre les femmes et la bonne chère ; et c'est à la table, comme on le pense bien, que l'illustre gastronome donne la préférence. Cette dissertation, qui parut, pour la première fois, en 1798 ou 1799, dans le *Censeur dramatique*, étant peu connue aujourd'hui, nous la donnons à la fin de notre volume, comme pièce justificative digne d'être conservée.

3

Oui, la gastronomie est la reine du monde.
Sans doute c'est vertu que la sobriété;
Mais d'elle, à dire vrai, je suis en défiance,
Et peu de prix j'attache à cette qualité.
Des mauvais estomacs elle est la conscience,
Et, franchement, sent trop son vieillard édenté.

2. Gourmand.

Le gourmand est le roi de la création ;
L'univers reconnaît sa domination :
Le soleil de ses feux, de leur eau salutaire
Les nuages, pour lui fertilisent la terre ;
Le sol pour ses besoins se peuple d'animaux,
Ses flancs portent des fruits, les airs ont des oiseaux,
Les mers ont des poissons..., et toute la nature
Semble ne s'occuper que de sa nourriture.
Mais des êtres admis aux célestes bienfaits,
Le plus favorisé c'est le gourmand français :
Pour étables il a *Normandie* et *Bretagne ;*
Bourgogne, Bordelais, bords du Rhin et *Champagne,*
Pour lui coulant à flots, sont ses quatre celliers ;
Il a trois mers pour lacs, cent cours d'eau pour viviers;
Pour serres chaudes, *Nice, Algérie* et *Provence,*
Et la *Beauce* et l'*Artois* pour greniers d'abondance.
Touraine est son jardin, *Auvergne* est son fruitier,
Bresse sa basse-cour, le *Mans* son poulailler.
A son vaste appétit, exigeant locataire,
Cela ne suffit pas, et pour le satisfaire,
Accourant à sa voix, les autres nations
Lui portent le tribut de leurs productions.

Entre tous c'est sans doute un mutuel échange,
Et ce que l'un produit, il faut que l'autre en mange :
Du commerce ici-bas c'est le point de départ.
Mais pour nous les primeurs et la plus large part,
Car nous produisons plus et mangeons davantage.
D'autres peuvent avoir (est-ce un grand avantage?)
De plus austères mœurs, un sol plus étendu,
Aux arts industriels un esprit mieux tendu,
Plus de stabilité..., d'autres choses encore ;
Mais du nord au midi, du couchant à l'aurore,
Les peuples à l'envi briguent à beaux deniers
L'honneur d'avoir nos mets, nos vins, nos cuisiniers ;
Et sur tout l'univers la France ainsi domine,
Sinon par la vertu... du moins par la cuisine.

3. *Fruit défendu.*

Double jeûne, double morceau :
Vieux proverbe toujours nouveau,
Dont la source remonte à notre premier père,
Originel péché qui ne se lave guère,
Car moins chose est permise et plus elle a d'appas.
    Le devoir est presque un supplice ;
Ce que la raison veut, l'esprit ne le veut pas.
Plus doux est ce qu'on a soustrait par artifice.
Pain dérobé, dit-on, *réveille l'appétit*[1],
Et, quelque dur qu'il soit, se change en friandise.

1. Prov. français. L'italien dit : « I frutti proibiti sono più dolci. »

Eau ravie au voisin devient liqueur exquise[1],
Et le fruit est meilleur s'il est pris en délit
    Ou du gardien pendant l'absence[2].
    Mets défendus plaisent surtout
    Dans le saint temps de pénitence,
Et point n'est ici-bas, pour relever le goût,
Un assaisonnement plus sûr que la défense[3].
    Las ! c'est un mal invétéré ;
    Nous mordons toujours à la pomme,
    Et le repas du premier homme
    N'est pas encore digéré[4].

4. Les Apparences.

  « En grand vase on met ce qu'on veut,
   « Et dans un petit ce qu'on peut, »
Dit un proverbe ancien dont souvent on abuse
Et qu'ici, pour ma part, tout à fait je récuse.
    Passe encor pour la quantité,
    Mais jamais pour la qualité ;
Non, point ne faut juger le gourmand à la taille,

---

1. « Aquæ furtivæ dulciores sunt, et panis absconditus suavior. » (Salomon, *Proverbes*, IX-17.

2. « Dulce pomum quum abest custos. » (Prov. latin.)

3. Ces quatre vers et quelques-uns du commencement ont été empruntés à la prose de Bossuet. La Fontaine a dit aussi :

    Pain qu'on dérobe ou qu'on mange en cachette
    Plaît mieux que pain qu'on cuit ou qu'on achète.

4. Ce vers se trouve, je crois, dans une chanson de M. de Coulanges.

Ni même à l'épaisseur de son ventre attablé :
    Souvent le bœuf mange la paille
    Et la souris mange le blé[1].
Pour les ragoûts de même : à la seule apparence
Point ne faut se fier en fait de bon morceau.
Tel mets paraît exquis, et le beurre en est rance.
Le coq se fait poulet et la perdrix perdreau,
Le mouton est chevreuil et le chat lapereau.
« Qui voit un mouton blanc le croit rempli de graisse, »
Dit le proverbe turc ; « mais au feu du fourneau
    « Ce fictif embonpoint s'affaisse,
« Et l'animal n'a plus sur les os que la peau. »
Hélas ! c'est qu'en cuisine, ainsi qu'en toute chose,
L'œil est souvent trompeur. On fraude la boisson,
    L'on pare les mets, et la sauce
    Fait seule avaler le poisson.
Mais aux filets que l'art sait habilement tendre
Le vrai gourmet deux fois ne se laisse pas prendre.
Vieux renard, de ficelle il connaît chaque tour.
Lorsqu'on vous triche au jeu, l'on prend garde à la coupe,
Et qui s'est par hasard brûlé la langue un jour,
N'omet plus désormais de souffler sur sa soupe[2].

5. Égoïsme gourmand.

Qui donne lit de plume et sur la paille couche,
Qui s'ôte pour autrui les morceaux de la bouche,

---

1. Prov. chinois.
2. Prov. allemand : « Wer sich einmal verbrennt hat,
blœst hernach in die Suppe. »

C'est un vrai suicide, un crime qu'il commet.
Sans doute rien n'est beau comme la bienfaisance ;
Mais soi d'abord... : *n'a rien qui n'a sa suffisance ;*
On ne trouve au marché que ce que l'on y met.
Bien fou donc qui se prive et pour d'autres renonce
     Aux biens qu'il a reçus du ciel.
    C'est acheter trop cher le miel,
Que d'aller le lécher sur l'épine ou la ronce[1].

    Puis, comme disaient nos aïeux,
Qui ne se gênaient guère en parlant de l'Église,
Des ordres mendiants et clercs luxurieux :
« O vous que la fortune en ses jeux favorise,
« Si de postérité vous ont privés les Dieux,
« Vivez dans l'abondance, et, convives joyeux,
    « De votre bien loin d'être chiches,
« Sans nul souci des frais de votre enterrement,
« Faites et *grande chère et petit testament*[2],
    « *Les prêtres sont bien assez riches*[3] ;
    « *Mieux vaut* vivre au gré de ses vœux
    « *Et gaudir de son patrimoine,*
    « *Qu*'en enrichir ingrats neveux
    « Ou *le laisser à ribaud moine*[4]. »

1. On dit aussi : « Cueillir des raisins sur des épines et des figues sur des ronces. »

2. Un autre proverbe plus sérieux dit : « Si la cuisine est grasse, la succession sera maigre. »

3. Vieux dicton qui a perdu de son actualité (il se lie toujours au précédent).

4. Vieux proverbe cité par Gab. Meurier.

§ 2. QUALITÉS PHYSIQUES DU GASTRONOME.

6. *Estomac.*

C'est une vérité qu'on ne saurait nier :
Mieux vaut bon estomac qu'habile cuisinier[1].
En vain on a recours aux épices perfides ;
Pour goûter le plaisir des vrais gourmands prisé,
Faut, avant tout, bon coffre et mâchoires solides.
Qu'est-ce qu'un gastronome à l'estomac usé ?
    Un grenadier aux invalides.
De ta chambre, en ce cas, pourquoi te déranger,
Pauvre homme, qui n'as rien à faire au réfectoire ?
N'aille point au banquet qui n'y doit point manger ;
On ne peut, s'il n'a soif, forcer un âne à boire.

7. *Dents, langue, nez, pied et œil.*

On doit d'abord jauger celui que l'on invite,
Et l'honneur qu'on lui fait, savoir s'il le mérite.
Qu'importent des dehors gracieux et gentils ?
Le Gastronome doit connaître (c'est sa gloire)
La force de ses dents, celle de sa mâchoire,
    Comme un ouvrier ses outils ;
Car, selon les docteurs du grand *art de la gueule*[2],

1. Prov. anglais : « A good stomach is the best sauce. »
2. Expression rabelaisienne employée par Montaigne.

Une bouche sans dents est un moulin sans meule[1].
A l'homme également donnée à double fin,
La langue doit servir moins à douce parole
Qu'à déguster les mets qu'on lui présente... Enfin,
    Il faut qu'il ait l'odorat fin,
Car du gourmand le nez est la sûre boussole ;
Et qu'il ajoute encore à ces dons précieux
Et *bon pied* et *bon œil* : l'un pour venir plus vite,
L'autre des mets servis pour scruter le mérite :
Même, avant de s'asseoir, *on dîne avec les yeux.*

8. *Gosier.*

C'est peu, quand du dîner l'heure est venue à poindre,
De mettre activement dents et mâchoire en jeu.
A palais délicat le vrai gourmand doit joindre
    Gosier à l'épreuve du feu.
    On se connaît toujours un peu
    En chair plus ou moins succulente,
Mais de savoir manger quiconque a le talent
    Commence par soupe bouillante
    Et finit par café brûlant.

1. Prov. espagnol : « La boca sin canelas es como molino sin piedra. »

§ 3. APPÉTIT ET GRAND'CHÈRE.

9. Appétit réveillé[1].

Des Espagnols suivant un docte et vieil adage,
« La faim est de tous mets le piment le plus sûr,
« Car *à bon appétit il n'est point de pain dur*[2].»
    Des Anglais autre est le langage :
« *La faim fait*, au besoin, *courir les estropiés.* »
Puis, ajoute l'Ibère : « Au monde dès qu'on entre,
    « *Le ventre fait aller les pieds,*
« *Ce ne sont pas les pieds qui font aller le ventre*[3]. »
Nous disons, nous : « *La faim chasse le loup des bois*[4]
« Et l'oiseau de son nid comme l'ours de son antre.»
    Il n'est là-dessus qu'une voix
    Qui toujours se dresse et se hausse.
Entendons-nous pourtant : la faim est un grand mot
    Que l'on *applique à toute sauce,*
    Mais qui ne trompe que le sot.
Avoir faim!... beau mérite!... et comme ça nous chausse!
Si pour l'un c'est un bien, pour l'autre c'est un mal.
Moi, je n'y vois, hélas ! qu'un besoin animal

1. Contre-partie de l'art. 15 du chap. 1er.
2. « A buena gana no hay pan duro » (ou « a buena hambre »).
3. « Tripas llevan pies que no pies a tripas. »
4. Les Russes disent : « Loup affamé brise le loquet. »

Qui demande à se satisfaire :
Un carafon de vin, des restants de ragoûts,
Comme en ont les traiteurs à vingt et trente sous,
Pain à discrétion... Voilà toute l'affaire :
L'estomac parle seul, le palais ne dit rien ;
Car pour le malheureux poussé par la *fringale*[1],
Et qui *disputerait un os même à son chien*,
Brébant est sans mérite et *Flicoteaux* l'égale.
Mais le gourmand, qui sait du métier tout le fin,
Ne dîne jamais mieux que quand il n'a pas faim.
Grâce à son cuisinier, un coulis d'écrevisses,
L'apéritif anchois, quelques fines épices,
Tirent son estomac de l'engourdissement ;
Ortolans en purée, ailerons, bécassine,
Filets mignons truffés, sont le couronnement.
Ce n'est plus le même homme. Un rayon l'illumine,
Tout aliment l'excite à nouvel aliment[2] ;
Car c'est un axiome introduit en cuisine,
     Que l'*appétit vient en mangeant*.
De la brute qui va partout criant famine
Voilà ce qui distingue un être intelligent.
La différence entre eux aisément se devine :
L'un en a tout son sou, l'autre pour son argent...
     Enfin, l'un *mange*... et l'autre *dîne* !

1. Corruption de « faim-valle. » (*Fames valida.* — [Ch. Nodier.])

2. (Ovide, *Metam*, VIII, II)

                           Cibus omnis in illo
          Causa cibi est.

10. *Dîner de Gourmand.*

Abondance de biens à table *ne nuit pas :*
A sa faim, à ses goûts, on peut choisir ses plats.
De produits différents j'aime aussi le mélange,
A plusieurs râteliers c'est ainsi que l'on mange ;
    Car plus les mets sont entassés,
Plus alors le gosier nous gratte et nous démange.
Qu'à table chacun donc à sa guise s'arrange :
Ce qui pour l'un est trop pour l'autre n'est qu'assez.
    Oui, quoi qu'en ait dit Hésiode,
    Ou tout autre antique Rapsode,
    La moitié vaut moins que le tout [1].
Lorsqu'on en sert pour trois, il n'en est point pour quatre ;
A chacun part entière, et, loin d'en rien rabattre,
A tout nouveau convive il faut nouveau ragoût.
Plus le plaisir abonde et plus on en éprouve...
    Et que dit la femme à Guillot,
Quand sa main du souper garnit le large pot ?
    Plus on y met, plus on y trouve [2].

11. *Dîner de Gourmet.*

La bonne table est celle, au dire des gourmets,

---

1. « La moitié vaut mieux que le tout » (*Dimidium plus toto*),
a dit Hésiode en parlant de la sobriété.

2. Dicton languedocien, familier à l'un de nos parents,
M. H. Lichere, d'Alais, homme d'un grand sens et gourmet
distingué.

Où les convives sont moins nombreux que les mets
Non de ces mets pourtant dits *plats de résistance,*
Qui pèsent aussitôt sur les estomacs las ;
Le fin et vrai gourmet ne veut point de pitance,
Mais *grand manger* en petits plats[4].

12. *Variété de mets.*

Ne laissons jamais notre assiette
Ni pleine encor, ni déjà nette :
Qu'au ragoût qui n'est plus succède autre ragoût,
Car morceaux avalés pour nous *n'ont point de goût.*
La nouveauté nous affriande ;
Toujours pâté d'anguille, au contraire, abrutit[2] ;
Et dès qu'on entre en lice, amoureuse ou gourmande,
A table comme au lit, *changement de viande*
Met l'honnête homme *en appétit.*

13. *Suffisance.*

Dire à quelqun : « Ami, mange ta suffisance, »
C'est souvent lui donner beau jeu ;
Car, pour l'homme gourmand, qui veut remplir sa panse,
Ce qui suffit n'est jamais peu.

1. Locution familière à mon ami M. Fél. de Viollaine, bon forestier, grand chasseur et fin gourmet.
2. Allusion à un conte de La Fontaine. Le prov. anglais dit : « Voir toujours le même plat soulève à la fin l'estomac. » (Allways the same dish is tiresome.)

J'irai plus loin encor : pour gourmand véritable,
    Ce qui suffit ne suffit pas,
Et je dis : « Lorsque rien ne reste d'un repas,
C'est que l'on n'avait point mis assez sur la table[1].

14. *Fortune du pot.*

L'art seul donne du prix au plaisir de la table
Comme à tous autres goûts... Pour les fins auditeurs
C'est un supplice affreux qu'un concert d'amateurs ;
    Le vin du cru n'est point potable ;
    Enfin, pour le dire en un mot,
Je ne sais ici-bas rien de plus détestable
Qu'un dîner sans façon, dit *fortune du pot.*
    Est-il plus fâcheuse équipée ?
La musique, après tout. n'est qu'un bruit, n'est qu'un son,
Une fumée en l'air promptement dissipée ;
Mais pour ne mordre à rien me tendre l'hameçon,
C'est une trahison qui vaut un coup d'épée.
On prétend, il est vrai, qu'un dîner sans façon
    Est d'amitié preuve sincère.
    Je le veux bien ; mais, par pitié,
Mes chers amphitryons, un peu moins d'amitié,
    Et beaucoup plus de bonne chère.

15. *Triste chère.*

« Après avoir dîné, tu te reposeras,
« Ou mille pas au moins dans les champs tu feras, »

---

1. Prov. anglais : « There's never enough, where nought
is left. »

Nous dit l'École de Salerne[1].
Qu'ainsi donc, à son jugement,
Là-dessus chacun se gouverne :
Pourvu que l'on digère, il n'importe comment.
Aussi voyez : « *Après la panse*,
Dit le Français, *vienne la danse.* »
Car le Français ne fait rien à demi.
Mais la gravité castillanne
De la digestion traite autrement l'organe :
« *Panse chaude, pied endormi*[2]. »
Quelques-uns vont plus loin en disant : « *Qui dort dîne*[3]. »
Et pour les estomacs fatigués de ragoûts,
C'est mieux un aphorisme admis en médecine
Point ne faut disputer des goûts.
Pour moi, je doute fort que si pauvre cuisine
A l'estomac donne du ton.
Je n'ai lu dans aucune histoire
Qu'un dortoir fût un réfectoire,
Et dans un tel festin, par un triste *guignon*,
Si j'étais acteur ou comparse,
Je dirais : « Pour le coup, *j'avale le goujon*,
Et suis *le dindon de la farce.* »

1. Sta pranse, vel i (n° 100).
2. Barriga caliente, pie durmiente.
3. Rabelais dit : « Qui dort, il boit. » (Liv. V, chap. 5.)

§4 RELIGION ET SCIENCE DU GOURMAND.

16. *Dévotion.*

Sans être dépourvu des célestes lumières,
Le plus dévot gourmand ne sait que deux prières :
Le matin, de son lit sitôt qu'il a sauté,
Il entonne gaiement le *benedicite*,
Et, reposant enfin ses maxillaires lasses,
Le soir, en se couchant, il récite ses *grâces.*
Mais c'est bien rarement qu'on le voit s'adonner
    Aux exercices de l'église.
Basse-messe pour lui cependant est admise,
Si le prêtre surtout la dit sans ânonner.
Trop longue, elle pourrait blesser sa gourmandise
    En retardant son déjeuner.
Mais n'en exigez pas quatre-temps et carême,
Ou du moins qu'on s'entende : en un besoin extrême,
A table *en quatre temps* il peut officier,
Et *Carême* est un nom qu'il vénère et qu'il aime :
    C'est celui d'un grand cuisinier !

17. *Jeûne et Maigre.*

Aux vrais gourmands le jeûne est un mot inconnu ;
Du moins ils l'ont rayé de leur dictionnaire.
Ce serait pour leurs yeux un service trop nu,
Et pour leurs estomacs un piteux ordinaire.

C'est déjà bien assez, à regret je le dis,
　　Du carême et des vendredis
Où les condamne au maigre un importun concile.
Encor savent-ils bien, d'un esprit inventif,
Dans la règle lancer plus d'un *coup de canif* ;
Car, de fait, ce n'est point *parole d'évangile* ;
Et même, sans donner une entorse à la loi,
En observant le maigre, ils savent, croyez-moi,
Faire encore, au besoin, *chère de commissaire*[1];
Et, *sans se déchausser pour manger tout cela*[2],
Déployer en carême un luxe alimentaire
　　Qu'on peut nommer un saint *gala* :
« Potage de concombre à la néerlandaise,
« Brochet à la Chambord, turbot en mayonnaise,
« Des boudins de poisson dits à la Richelieu,
« Gélatine d'anguille au beurre d'écrevisses,
« Croquettes d'esturgeon avec truffe au milieu,
« Une carpe du Rhin... Puis, au second service,
« Un rôti de sarcelle offert avec éclat,
« D'orange et de citron sur une épaisse couche...»
Voilà ce qui s'appelle un maigre de prélat !
Et rien qu'à le conter, *l'eau m'en vient à la bouche*[3].

---

1. Gras et maigre, comme cela se pratiquait aux repas qui suivaient les conférences des commissaires catholiques et protestants.

2. Locution populaire, fondée, selon l'abbé Tuet, sur la coutume des anciens, qui, au moment du repas, quittaient leurs chaussures pour se mettre sur les lits disposés autour de la table

3. C'est ce que les Latins exprimaient par les mots : « Salivam movere »

18. *Superstitions.*

Enfant gâté, le gastronome
Est sujet, comme un autre, aux faiblesses de l'homme.
Ce qui peut quelquefois le décontenancer,
Ce qui trouble ses sens et de terreur le frappe,
C'est d'être *treize à table* ou de voir renverser
    Une salière sur la nappe.
    Vain présage ! futile effroi !
Et d'un petit esprit grand indice !... Pour moi,
Ce qui peut exciter seul mon humeur jalouse
    Et dans mon plan me déranger,
    C'est d'être treize pour manger
    Un dîner préparé pour douze.
Quant à l'autre accident, ma foi, l'essentiel,
    Pour qui n'en est plus au baptême,
    C'est que point ne tombe le sel
    Dans la compote ou dans la crème.

19. *Le Livre utile.*

Un célèbre gourmand [1] disait à certain cancre
    Qui ne vivait que de savoir :
« Il vaut mieux se griser du matin jusqu'au soir
    « Avec du vin qu'avec de l'encre,
    « C'est plus agréable et moins noir. »

---

1. M. Aze, souvent cité par Grimod la Reynière comme
auteur de fameux règlements de table.

Je trouve, à dire vrai, l'expression heureuse,
Car je fais peu de cas du métier d'écrivain.
Le savoir, après tout, n'est qu'une viande creuse
Qui fatigue la tête et qui salit la main.
Certes, je ne veux point aux savants chercher noise,
Mais je ne sais qu'un livre utile au genre humain :
    C'est *la Cuisinière bourgeoise.*

20. *Science gourmande.*

Il est vrai, de science et de littérature
Le gourmand n'a chez nous qu'une faible teinture :
    A peine connaît-il de nom,
    Encor moins par quelques passages,
    Le festin de *Trimalcion*,
De table les Propos, le Banquet des Sept Sages
    Et *le Sympose de Platon,*
Mais il connaît très-bien *la loi des Douze Tables,*
Et c'est le seul objet qu'il envie aux Romains.
Voilà pour les vieux temps... Quant à nos écrivains,
    Il n'en admet que trois notables :
Le Cuisinier Royal, Grimod et *Savarin.*
C'est là sa Trinité, son symbole divin.
Il ne repousse pas *Delavigne* et *Racine,*
Mais il méprise autant, je crois, qu'un verre d'eau,
A cause de leur nom, *la Fontaine* et *Boileau.*
En fait d'art, il n'admet que l'art de la cuisine,
Et table bien servie est l'unique *Tableau*
Qu'il sache apprécier et puisse trouver beau.
En science, pour lui, toute l'anatomie

D'un gros pâté consiste à trancher le dedans,
     Et *la plus Réelle Alchimie*
Est celle qui *se fait* à table, *avec les dents.* .
En droit, il sait les *Lois* de la gastronomie,
Les *Coutumes* de table et le *Code* gourmand,
     Et toute sa *Philosophie*
Se borne à boire frais et manger longuement.
Mais il est des plus forts sur la *Géographie*,
Et s'il fait volontiers fi des événements,
Des illustrations et des vieux monuments,
     Du moins il s'étend avec joie
Sur les productions que chaque ville envoie;
Car toujours à la bouche il a chapon du *Mans*,
Truffes de *Périgueux*, andouillettes de *Troye*,
Pâtés de *Chartre*, *Amiens*, *Strasbourg* et *Pithiviers*,
Terrines de *Nérac*, melons de *Coulommiers*,
Pruneaux d'*Agen*, jambons de *Reims* et de *Bayonne*,
Haricots de *Soissons*, raisin de *Thomery*,
La pêche de *Montreuil* et le miel de *Narbonne*,
Asperges de *Vendôme* et beurre d'*Isigny*.
Là ne se borne point l'inépuisable liste;
Sans qu'il perde la carte ou soit le bec dans l'eau,
     Entendez-le suivre à la piste
     Le chevreuil de *Fontainebleau*,
Le lièvre de *Compiègne* et le bœuf de *Bretagne*,
Les navets de *Freneuse* et les pois de *Clamart;*
Écoutez-le décrire avec goût, avec art,
Les vins de *Nuits*, *Médoc*, *Chambertin* et *Champagne*,
     Le nougat de *Montélimart*,
Les pâtes de *Clermont*, le mouton des *Ardennes*,
Les anchois de *Fréjus*, les marrons de *Lyon*,

Les huîtres de *Cancale* et celles de *Marennes*,
Confitures de *Bar*, moutarde de *Dijon*,
L'alose de *Honfleur* et l'huile de *Provence !...*
Que sais-je encore, moi ?... Bref, de tout aliment,
Gourmand cosmopolite, il sait la provenance ;
Et c'est ainsi qu'exempt de gêne et de dépense,
Voyageur sédentaire, il peut impunément,
Sans sortir du banquet, faire son tour de France.

§ 5. HABITUDES ET ATTENTION GOURMANDES.

21. *Dîners fins.*

Les dîners fins n'ont lieu qu'en petits comités ;
Le nombre le meilleur est de six invités.
Les Grecs sur ce point-là n'admettaient point d'excuse,
De la table chez eux c'était une des lois :
« Que l'on soit, disaient-ils, comme les Grâces, trois,
  « Ou qu'on soit neuf, comme les Muses [1]. »
   On peut cependant quelquefois,
   Et sans pour cela qu'on se blouse,
   Ou que l'on *s'en morde les doigts*,
   Au besoin, aller jusqu'à douze.
Chez les Romains c'était le nombre admis, je crois ;
Et dût cet argument paraître inacceptable,
Je ne discute pas, mais je pense, à part moi,

---

1. Théognis.

Que des Douze Tables la loi
 Fut la loi d'être douze à table.
Au delà, tout dîner doit être détestable :
La qualité se perd quand l'étoffe s'étend...
Dîner tard est encore un point très-important,.
Car on peut concentrer alors sur son assiette
Ses pensers, ses désirs et même ses regrets,
Raisonner son manger sans en perdre une miette,
 Puis s'en aller coucher après,
Corps chaud, esprit joyeux et conscience nette.
Et là, ratatiné dans sa fraîche couchette,
Dormir paisiblement du sommeil des gourmets,
En revoyant en songe et ruminant les mets
 Qu'on a mangés et qu'on regrette.

22. *Point de cérémonies.*

D'un dîner de gourmets que les cérémonies
Soient toujours, croyez-moi, sévèrement bannies :
Elles prennent du temps, elles nuisent au goût.
Dîner qui refroidit est dîner détestable ;
Le point essentiel, lorsque l'on est à table,
Frères, c'est d'y manger chaud, longtemps et beaucoup.
Tout ce qui le retarde, à bon droit, effarouche
 Le digne convive attablé :
 Vin versé n'est point avalé,
Et *la soupe se perd de la main à la bouche* ¹.

1. Prov. espagnol : « De la mano a la boca desaparece la
sopa. » Un autre proverbe dit : « Dans le seul trajet de la
soupe à la bouche la soupe a le temps de geler. » Les Anglais

23. Éclairage.

Surtout chargé de fleurs déplaît au vrai gourmand ;
Du modeste hors-d'œuvre il envahit la place,
Et dérobe à nos yeux, inutile ornement,
Le jeune et frais minois qu'on peut avoir en face.
Car, bien que l'on en pense assez légèrement,
Le vrai gourmand n'est point ennemi des lumières.
Lustre et flambeaux pour lui ne sont pas superflus,
Et de l'obscurantisme abjurant la bannière,
Entre les deux objets également voulus
S'il lui fallait opter, il dirait (chose étrange !) :
« Garçon, un plat de moins, mais un flambeau de plus.
« On ne voit pas ce que l'on mange. »

24. En voyage.

Gourmands, si vous devez traverser l'onde amère,
Ne vous *embarquez* pas, croyez-moi, *sans biscuit :*
Abondance de biens, en ce cas, *point ne nuit.*
Mais tout simplement sur la terre,
Et sans provisions, vous faut-il voyager?
Avec vous emmenez votre valet de chambre ;
Qu'aux repas il assiste en qualité de membre
Et comme un voyageur qui vous est étranger.

disent comme nous : « There is many a slip — Twixt the
cup and lip. » L'origine de tous ces proverbes est grecque.

C'est un jeu fin, un tour d'adresse
Où seul vous aurez les atouts :
Car il découpera tour à tour chaque pièce,
Et les meilleurs morceaux seront toujours pour vous.

25. *Au Dessert.*

Tout homme en gourmandise expert
A fini de dîner quand survient le dessert ;
Et si l'amphitryon envoie à son adresse
Un fruit de délicate espèce,
Gâteaux et bonbons fins et par l'art embellis,
Y goûter de sa part c'est pure politesse...
Mais tous les gourmands sont polis.

§ 6. GOUTS GROSSIERS, GLOUTONS ET PARASITES.

26. *Goûts grossiers.*

Qui ne se connaît point en délicat morceau
Et préfère au chapon une longe de veau,
Mérite au pilori qu'on l'attache et le juche ;
C'est une *huître à l'écaillé*, un *oison*, une *cruche*.
Le pape Adrien Six fut haï des Romains :
« Qu'importe, disait-on, qu'en ses débiles mains
     « Le pouvoir chancelle et trébuche,
« Au fond, il est bon homme, et s'il est détesté,

« De ses goûts il le doit à la grossièreté... »
    Le saint père aimait la merluche !
    Ce n'est que pour les fins gourmets,
    Non pour le vulgaire profane
    Que le ciel créa les bons mets ;
Il ne fit point le miel pour la bouche de l'âne[1].
Pour lui, chardons cueillis près d'un fangeux ruisseau
Sont plantureux cresson et salade légère[2],
Et ce n'est point, dit-on, avec des primevères
    Que l'on engraisse le pourceau[3].

27. *Gloutonnerie.*

On ne naît pas goulu, mais on s'y fait sans peine,
    Nous dit un proverbe allemand[4].
C'est la pente fatale où la faim nous entraîne,
Si l'on ne sait pas mettre, au moins comme hygiène,
    Un terme à ce déréglement.
    Car, antipode du gourmand,
    Et cherchant partout sa pâture,
    Le goulu n'est qu'un animal
Qui dévore toujours sans que rien le sature,
Et *qui mange trop bien pour ne pas manger mal*[5].

---

1. Prov. espagnol : « No se hizò la miel para la boca del asno. »
2. Prov. écossais : « Thistles are a salad for asses. »
3. Prov. écossais : « Ill would the fat sow far on the primroses of the wood. » Le prov. français dit : « Avec de l'eau claire. »
4. « Kein Vielfrass wird geboren, sondern erzogen. »
5 Decourcelle, *Formules du docteur Grégoire.*

Vous donc qui vous livrez, mais en homme du monde,
Du grand art de manger à l'étude profonde,
Ne confondez jamais et gourmand et goulu.
L'un est digne d'estime et l'autre est pitoyable :
    Du ciel le premier est l'élu,
    Le second est l'hôte du diable.
Rester longtemps à table et manger lentement
    Est une excellente habitude :
Pour un repas nombreux et fait artistement,
Trois heures, c'est un bon degré de latitude,
Car des mets devant nous mis successivement,
Ou d'avance étalés en long compartiment,
    Il permet de faire l'étude.
    Mais avaler gloutonnement
    Tout ce qu'on a sur son assiette,
Comme Gargantua, qui sans laisser de miette,
    Engloutissait tout aliment,
    Pour le véritable gourmand
    Mieux vaudrait, je crois, faire diète.

28. *Mangeurs insatiables.*

On divise, et partout c'est la règle suivie,
Chaque jour en *avant*, puis, en après dîner.
    C'est le pivot de notre vie
    Autour duquel il faut tourner.
Quelques-uns cependant, à ce que l'on m'assure,
N'admettent point pour eux cette sage mesure.
    A ceux-là ne demandez pas
Du déjeuner, dîner ou souper, ici-bas,

Quelle est pour un gourmand la meilleure fournée ;
Car ils vous répondraient qu'il suffit d'un repas
    Qui dure toute la journée
De l'heure où dans janvier l'on fait le premier pas
    Jusqu'au dernier jour de l'année ;
C'est-à-dire, de peur d'user notre talon,
    Qu'il faut, fixe, immobile et stable,
Qu'on demeure cloué jour et nuit à la table,
    Ce qui me paraît un peu long.
    Là-dessus, chacun à sa guise :
    Quant à moi, voici ma devise :
« Déjeunons comme si point ne devions dîner,
« Et dînons comme gens qui n'ont pu déjeuner. »

29. *Conseils aux gros gourmands.*

Un proverbe excessif, auquel j'ai peine à croire,
Dit : « Il faut se forcer pour manger et pour boire,
« Mais est-on au travail, on fait ce que l'on peut[1]. »
Ne faisons jamais plus que nature ne veut.
    « Pour vivre lontemps et bien vivre,
« Il faut, dit Savarin, savoir se ménager ;
    « Qui s'indigère et qui s'enivre
    « Ne sait ni boire ni manger. »

---

1. Prov. auvergnat qui nous a été fourni par un savant professeur de la Faculté des sciences de Clermont-Ferrand (M. Lecoq, homme aussi sobre à table que généreux de sa bourse et prodigue de sa science dans les réunions publiques). Les Espagnols disent : « Los primeros a comer, postreros a hazer. » Ou mieux encore : « Al comer sudar, y al hazer, tremblar. »

Quand deux corps ennemis se rencontrent en plaine,
Excès de nourriture au soldat est fatal ;
    « Car, dit-on, panse trop pleine
    Ne fuit pas bien et combat mal[1]. »
    « Mon ami, disait Pythagore,
« Mange modérément et ne ramasse pas
« Ce qui tombe par terre au milieu du repas. »
    Un vieux proverbe dit encore :
« *Il faut lier le sac avant qu'il ne soit plein*[2]. »
Enfin, j'ai lu jadis, dans un auteur romain
« Que le glouton avale à bouche déhanchée.
« Pour qu'un repas nous soit et salutaire et doux,
    « Mangeons à petite bouchée,
    « Et ne buvons qu'à petits coups[3]. »

30. *Trop.*

Il est deux trop, dit-on : *le trop et le trop peu,*
Et du pays gourmand ce sont là les deux pôles :
    L'un met tout notre corps en feu,
Et l'autre nous morfond des pieds jusqu'aux épaules[4].

1. Prov. espagnol : « Tripa llana ni bien huya ni bien pietra. »

2. Prov. espagnol.

3. Rutilius (Itinéraire). L'École de Salerne dit aussi (Précept. 57) :

    « Inter prandendum sit sæpe parumque bibendum. »

D'où vient notre proverbe : « Petit coup mais souvent. »

4. Le prov. allemand dit : « Le trop comme le trop peu nuit à tout jeu. » (Zu wenig und zu viel, verderht alle Spiel.)

Pour beaucoup de gens, je le sais,
Le trop même n'est pas assez [1],
Car *on a* bien souvent *plus grand œil que grand ventre*,
Mais c'est en vain qu'on fait des efforts merveilleux,
Qu'on se tasse ou s'étreint pour que dans le corps entre
Tout ce que l'on a sous les yeux...
Aussitôt qu'on sort de son cercle,
De ses excès on se repent :
Le trop au dehors se répand [2]
Et *le surplus rompt le couvercle* [3].

31. *Accommodement.*

Socrate nous l'a dit : « *Il faut manger pour vivre*
« *Et non pas vivre pour manger*.
« Trop de mets alourdit, trop de boisson enivre ;
« L'esprit est toujours sain quand le corps est léger.
« Si vous vous contentez de peu de nourriture,
« Elle vous portera bel et bien ; mais parfois
« Si vous excédez la mesure,
« C'est vous qui du fardeau porterez tout le poids. »
On ne peut pas mieux dire, et c'est vraiment d'un sage ;
Mais le gourmand ne peut admettre ce langage
Offensant pour ses goûts et blessant pour ses lois,

1. Mot de Beaumarchais, substitué au proverbe français :
« Il n'y a pas assez, s'il n'y a pas trop. »

2. Le prov. anglais dit : « Quand le bassin est plein, il
déborde. » (Wen the well is full, il will run.)

3. Le prov. espagnol dit : « A force de bourrer un sac, on
le crève. » (La codicia rompe el saco.)

Et souvent il dit au contraire :
« Manger est ce qu'à table on a de mieux à faire ,
« Sans chercher si tel plat est propice ou malsain ,
« Car de notre estomac digérer est l'affaire
« Et l'indigestion celle du médecin...
      « Si ce n'est de l'apothicaire. »
On est allé plus loin, et j'ai lu quelque part
Ce germanique aveu, sans pudeur et sans fard :
« Advienne que pourra ; moi, voici ma sentence :
« *Un bon dîner d'abord, ensuite la potence*[1]. »
C'est pour des Allemands un peu trop folichon,
Et je ne puis penser à si brève existence.
Courte et bonne est la vie, en effet, *du cochon*,
Et c'est là le propos d'un fol ou d'un homme ivre.
Quant à nous, autrement sachons nous arranger ,
Et, sans qu'à trop d'excès notre estomac se livre,
      En francs viveurs, mangeons pour vivre...,
      Afin de vivre pour manger.

32. *Indiscrétion.*

A l'heure du repas qui vient faire visite
Ou n'est qu'un importun ou bien veut qu'on l'invite.
Si c'est par maladresse, on peut lui pardonner :
Le seul reproche grave et trop vrai qu'il mérite
Est d'avoir d'un ami retardé le dîner.
Mais si, comme une bombe, effronté parasite,
Il vous tombe du ciel *le bec enfariné*,

---

1. « Ein guter Mahl und dann der Galgen ! »

Tout enflé du vent de la huche
Et vers la friandise ayant le nez tourné,
Qu'advient-il ? En cherchant à vous dresser embûche,
D'ordinaire il se met lui-même en mauvais cas,
Car il dîne fort mal ou bien ne dîne pas[1] :
Juste punition de son *tour de ficelle.*

De là ce proverbe moqueur :
Qui d'autrui s'attend à l'écuelle
Le plus souvent dîne par cœur[2].
Dans l'un et l'autre cas c'est *faire une brioche,*
C'est bénévolement *se fourrer au pétrin,*
C'est trop *mettre d'eau dans son vin,*
Et voir enfin l'espoir auquel on se raccroche
S'en aller en eau de boudin[3].

1. Un prov. arabe dit : « Un des caractères du fâcheux, c'est de s'asseoir à la table d'autrui sans en être prié » Le prov. écossais est plus net : « Qui vient sans qu'on l'invite s'attable sans qu'on le serve. » (Come un ca'd, sit conserv's.)

2. Le prov. espagnol dit : « Qui compte sur la cuisine d'autrui déjeune mal et soupe encore pis. » (Quien espera en mano ajèna, mal yanta y peor cena.)

3. Sans doute pour « aune de boudin », allusion à un conte de Perrault. Les Italiens disent : « S'en aller en limaille. » (Tutto sene andato in limatura.

CHAPITRE III.

AMPHITRYONS ET CONVIVES.

---

§ I. AMPHITRYONS.

1. *Le véritable Amphitryon.*

N'est point amphitryon qui veut,
Car il ne suffit pas d'être millionnaire,
Ministre, agent de change, Eminence ou notaire,
Et de faire tout ce qu'on peut
Avec beaucoup de numéraire.
Il faut que par soi-même au chapitre on ait voix,
Qu'on ait reçu des cieux la divine étincelle,
Et des grands seigneurs d'autrefois
Qu'on se règle sur le modèle.
Non, ce n'est point assez, pour mériter ce nom,
Que votre table aux yeux offre l'aspect étrange
D'un troupeau d'affamés qui dévore et qui *mange*.

Le véritable amphitryon
  Est celui chez lequel on dîne[1],
Qui, des gourmets à fond connaissant la doctrine,
Choisit son monde, et fait aux amis invités,
  Et de son accueil enchantés,
  Faire chère excellente et fine,
Sans qu'en lui rien ne sente ou la morgue ou l'apprêt.
Il faut encor qu'il ait une charmante *Alcmène*,
Au repas ajoutant de sa grâce l'attrait,
Et de ses conviés éloignant toute gêne;
  Qu'enfin, dans leur noble maison
  Aucun Dieu n'entre à la sourdine,
Sinon le vieux *Comus* en bonnet de coton
  Et tablier blanc de cuisine,
  Avec *Momus* pour marmiton.

2. *Les Amphitryons modernes.*

Sous l'ancien régime, au temps des grands seigneurs,
Reine par le bon goût, notre belle patrie
Comptait plus de dîners encor que de dîneurs.
Oh! c'était le bon temps!... De nos jours l'industrie
Amène parmi nous d'autres mœurs, d'autres soins;
Les dîneurs sont nombreux, les dîners beaucoup moins.
Nous ne reverrons plus les Duras, les Soubise,
  Les Richelieu, les Maurepas,
  Tressé, la Vallière et Brancas,
  Ces grands maîtres en gourmandise!

1. Vers de Molière devenus proverbe.

Mais si nous ne pouvons les reprendre au trépas,
 Adoptant leurs noms pour devise,
Cherchons, quoique de loin, à marcher sur leurs pas.
Bien vivre et faire bien vivre ceux que l'on aime,
 (De la richesse noble emploi)
Sont les deux grands moyens pour être heureux soi-même
 Et rendre heureux autour de soi.
Mais si l'amphitryon est d'une humeur étrange,
S'il est trop ennuyeux, ou si de son repas
Il fait mal les honneurs... qu'advient-il ? On le mange,
 Mais on ne le digère pas[1].

3. Invitations.

C'est le matin, à jeun, avec réflexion,
Que l'on doit formuler chaque invitation,
Car c'est acte important, liant le signataire
Aussi bien qu'un contrat passé devant notaire.
 En effet, tout amphitryon,
 Du jour qu'il a lancé sa lettre,
Devenu par le fait responsable éditeur,
 Ne peut plus, sans se compromettre,
Manquer à sa parole, hésiter ou remettre :
N'a-t-il donc pas souscrit un billet au porteur ?
Or, le billet fait titre. Autre avis charitable :
Si par hasard, il a quelque pièce notable,
Il doit par *post-scriptum* en faire mention,

---

1. Le prov. anglais dit : « Mieux vaut vider la maison qu'avoir affaire à hôte grognon » (Better a empty house, than an ill tenant.)

Par exemple en glissant cette annotation : ·
« Une carpe du Rhin sera servie à table. »
Comme on met : « Nous aurons, ce soir, un violon, »
Lorsqu'on fait par *extra* danser dans un salon.
A son tour, l'invité doit avec gentillesse
Répondre, le jour même, à cette politesse ;
Et dès qu'il a transmis, revêtu de son sceau,
De son consentement l'écrit dépositaire,
Il ne s'appartient plus.... Engagé volontaire,
Il doit être au grand jour présent sous les drapeaux.

4. *Placement des convives.*

Ce qui de tout amphitryon
Doit surtout exercer les facultés actives,
C'est moins de son menu la composition
    Que le classement des convives.
Il doit apprécier avec discernement.
    Les rangs, les goûts, le sexe et l'âge,
    Et ne pas mettre étourdiment
Un jeune fou tout près d'un grave personnage,
Un nom de vieille roche auprès d'un parvenu,
Et *Renan* côte à côte avec un Loyoliste,
Aux flancs d'un vieux Rodrigue un tendron ingénu,
Un auteur susceptible auprès d'un journaliste,
Auprès d'un beau parleur un homme à baragouin,
Vis-à-vis d'un banquier un pauvre actionnaire,
Aux côtés de *Rouher*, *Guéroult* et *Glais-Bizoin*,
En face *Monselet* un valétudinaire,
Un *avale tout cru* près d'un fin connaisseur,

Un sourd à côté d'une dame,
Un frère coudoyant sa sœur,
Un mari qui frôle sa femme.
Bien mélanger son monde exige beaucoup d'art;
Mais laisser en aveugle à l'aveugle hasard
    Le soin d'assigner chaque place,
    C'est mettre les gens dos à dos,
Au lieu de les poser dignement face à face,
Et remplacer les ris et les galants propos
Par un silence froid ou maussade grimace.
Car, maîtres, sachez-le : quoi qu'on dise ou qu'on fasse,
A la file rangés comme des numéros,
Perdant toute valeur, sans soutien et sans aide,
Convives mal placés ne sont que des zéros
    Sans un chiffre qui les précède.

5. Devoirs d'un Amphitryon.

Qui reçoit ses amis du repas apprêté
Doit s'occuper lui-même avec anxiété ;
S'il n'y met tous les soins qu'un tel acte réclame,
Et si les petits plats dans les grands ne sont mis,
    Je le déclare et le proclame
    Indigne d'avoir des amis.
    Là ne se borne point son rôle :
Sur la table exerçant un utile contrôle,
Un maître de maison, de leur bien soucieux,
Des convives toujours doit veiller sur l'assiette,
Et voir si quelqu'un d'eux pour le moment n'a pas,

Par manque d'aliments, l'œil tourné vers les plats[1].
C'est le point culminant, c'est l'unique planète
Vers laquelle sans cesse il doit tourner les yeux.
Qu'en l'assiette toujours nouveau morceau réside,
    Que le verre soit toujours plein ;
Car un amphitryon est un Dieu souverain
    Qui doit avoir l'horreur du vide ;
Et comme nous l'a dit l'illustre Savarin :
« Convier un ami, soit aux champs, soit en ville,
« Ce n'est pas seulement lui faire un vain honneur,
« Pour tout le temps qu'il est dans notre domicile,
    « C'est se charger de son bonheur. »

6. Cuisine et cave.

Un honnête homme doit, en toute conjoncture,
De sa table avec soin surveiller les apprêts :
    Car d'une conscience pure
    La bonne cuisine est l'engrais.
Ce n'est pas tout : tenant ses serviteurs en bride,
Aux besoins de sa cave, à ses divers emplois,
Il est essentiel que lui-même préside !
Et qui n'y descend pas deux ou trois fois par mois,
Mérite que sans lui son sommelier la vide.

7. Café et liqueurs.

    La maîtresse de la maison
Doit veiller au café, s'assurer s'il est bon

---

1. « Qui n'a rien dans son assiette regarde au plat. »
(Prov. chinois)

Et s'il a gardé son arome ;
Et le maître, de son côté,
Doit d'avance avoir constaté
Que la liqueur est fine, et *flaire comme baume.*
A tout jusqu'à la fin leur rôle est d'aviser,
    Sans épargner ni soin ni peine.
    L'amphitryon et son Alcmène
    Ne sont point là pour s'amuser.

8. *Chère de vilain.*

Il n'est festin que de gens chiches,
Il n'est chère que de vilain.
Ce ne sont point toujours en effet les plus riches,
Ni les plus haut placés, qui font faire au prochain
Le dîner le plus beau, la chère la plus fine :
Il arrive souvent qù'un avare bourgeois,
Quand l'intérêt chez lui fait flamber la cuisine,
Ou quand la vanité l'entraîne et le domine,
Traite mieux ses clients que ne feraient des rois.
    Mais si la chère est délectable,
Le bout d'oreille perce, on ne s'y trompe pas,
    Et *le mérite de la table*
Dure juste *le temps que dure le repas.*
Mettons-y toutefois les formes les meilleures ;
L'usage dans ce cas est de rester trois heures
    Sans rire de l'amphitryon.
De l'estomac rempli, c'est bien le moins, je pense,
    Que dure la reconnaissance
    Autant que la digestion.

6

9. *Les Amis de table.*

L'amphitryon chez qui peu de gens sont admis,
S'il croit se faire aimer, se berce de vains songes.
  Voulez-vous avoir des amis ?
  Ayez une table à rallonges.
A table bien servie on en compte beaucoup[1].
Où se trouve pigeon, pigeon y vient bien vite[2].
  Mais renverse-t-on la marmite,
  Se dérobant à pas de loup,
Chaque ami tour à tour vous bat froid et vous quitte.
Où l'on ne trouve rien le rat ne revient pas[3].
Plats mangés, les amis s'envolent en voyage...[4],
  Et c'est avec les bons repas
  Qu'amitié toujours déménage.

---

1. Prov. allemand : « Siedet der Topf, so blüchet die freundschat. » Les Russes disent : « Au festin et au cabaret beaucoup d'amis. »

2. Prov. français et allemand : « Wo Tauben sind da fliegen auch Tauben zu. »

3. Prov. allemand : « In eine leere Scheuer komm't keine Maus. »

4. Le prov. espagnol dit : « Dîner mangé, amis envolés » (Pan comido, compania deshecha) ; et le prov. anglais : « Cuisine mangée, amis dispersés. » (When good cheer is lacking-friends will be packing.)

§ 2. CONVIVES.

10. *Exactitude.*

S'il *ne faut pas venir trop tôt,*
Encore moins, amis, faut-il *se faire attendre :*
L'un est gênant et l'autre est d'un fat ou d'un sot ;
   C'est le juste point qu'il faut prendre.
   Qui dernier arrive au repas
   Dîne tard ou ne dîne pas,
   Triste retour et juste peine
   De son impardonnable oubli.
Mais *premier au moulin* toujours *premier engrène;*
   Premier venu, premier servi [1],
   Et qui se trouve à la chambrée
Trouve toujours pour lui la table préparée [2].
Lorsqu'au repas du soir les convoquait Phœbé,
Les moines accourus n'attendaient point l'abbé
   Ou l'attendaient *de la main gauche* [3].
Les premiers arrivants de droit mangeaient le lard ;

---

1. Prov. anglais : « First come, first served. »
2. Prov. turc.
3 Prov. allemand : « Mit der linken Hand auf einem Warten. » C'est-à-dire, pendant que la droite est occupée à porter les morceaux à la bouche.

Ce sont eux qui faisaient et ripaille et débauche,
Et *les os* restaient seuls *pour ceux qui venaient tard*[1]
C'est lorsque mûre elle est qu'on voit tomber la poire,
C'est lorsqu'il est versé que le vin doit se boire.
Pour convives qui sont en faute se gêner
     Est d'ailleurs d'un mauvais exemple.
Dîner n'empêche pas de venir, ce me semble,
Tandis qu'attendre, hélas ! empêche de dîner.

11. *Même sujet.*

De l'heure du repas le convive averti
Doit la considérer comme une heure sacrée.
Que sa montre souvent du gousset soit tirée,
Son vêtement tout prêt et son linge sorti ;
Que d'avance en un mot il ait soin de sa mise,
Car *le moindre dîner vaut bien une chemise.*
Mais venir au hasard ou d'un pas ralenti,
Ou l'habit en désordre et la mine effarée,
C'est faire imprudemment trop languir une entrée,
Ou tourner une sauce ou brûler un rôti.
Dans ce cas, mieux vaudrait que, déposant sa toge,
Il s'abstînt de paraître au cénacle assemblé ;
Car chez l'amphitryon vraiment digne d'éloge,
     Où tout est fixe et bien réglé,
A table l'on se met juste au coup de l'horloge,
     Puis on ferme la porte à clé.

1. « Tarde venientibus ossa »

12. *Propreté.*

Qu'ils étaient bien appris ces Grecs et ces Romains
Que l'on nous peint toujours sous un aspect farouche !
    Quoiqu'ils fussent républicains,
En se mettant à table ils se lavaient les mains,
Et même après dîner ils se rinçaient la bouche.
Oui, de tout gastronome à dîner invité,
Je le dis hautement, la qualité première
    Est l'excessive propreté :
Menton ras, linge blanc... et pas de tabatière.
Qu'il évite surtout de se servir des doigts,
Ce que témoignerait par écrit sa serviette.
Pour prendre et pour manger le morceau de son choix,
    N'a-t-il pas cuiller et fourchette ?
Et s'il faut qu'il découpe une pièce parfois,
S'il veut passer un fruit, que ce soit sur l'assiette.
Mais y mettre la main, fût-elle blanche et nette,
    Ce serait enfreindre les lois
    D'une salutaire étiquette.
Pour moi, sur ce point-là, je suis si délicat,
Que je me sens tout prêt, je le dis à la lettre,
    A mettre les pieds dans le plat
    Lorsque je vois la main s'y mettre.

13. *Chacun pour soi.*

    Au temps de la chevalerie,
Où tout suivait les lois de la galanterie,

Par gentil couple étaient les convives rangés,
  Et chevalier et damoiselle
A table se trouvaient l'un à l'autre engagés,
  Et *mangeaient à la même écuelle*[1],
  Comme soldats à la gamelle.
Longtemps à cette loi nous restâmes dévots ;
Jusqu'à Louis le Grand on en suivrait la piste[2] ;
  Mais dans notre siècle égoïste,
  Manger passe avant doux propos ;
Et deux gloutons, jaloux de ne perdre une miette,
Ne pourraient *s'accorder en une même assiette*,
Pas plus que ne feraient *deux chiens après un os.*
Est-ce un bien ? est-ce un mal ? Qu'un autre s'en intrigue.
Le proverbe espagnol dit : « *Entre deux moineaux*
  « *Pour un épi jamais de ligue*[3]. »
  Et moi je vous dis entre nous
  « Pour être d'accord, point de brigue,
« Amis : *chacun pour soi*, l'amphitryon *pour tous.* »

14. *Place à éviter.*

Lorsque l'amphitryon, suivant un noble usage,
A placé près de lui, d'un et d'autre côté,
Les deux dames qui sont, par leur rang ou leur âge,

---

1. En la même assiette : *Mangier les fit en s'escuelle.* »
Vie de sainte Élisabeth, manuscrit de la Bibliothèque impériale, n° 7218.

2. Voir les *Mémoires de la duchesse de Montpensier* (t. IV, p. 17).

3. « A dos pardales, en una espiga, nunca ay liga. »

Reines de la société,
N'allez pas vous glisser près de celle de droite,
Quel que soit son esprit ou tout autre agrément,
Car ce serait agir de façon maladroite
    Pour votre estomac de gourmand.
    C'est elle en effet la première
    Que le maître-queux servira ;
Puis de l'autre côté soudain il sautera,
    Et de là suivra la filière
Sans changement de front..., et le dernier de tous,
Maudissant, mais trop tard, votre excellente place,
Vous ne verrez, hélas ! se présenter à vous
    Que les pilons ou la carcasse.

15. *Mauvais voisinage.*

Fuyez toute maison des bêtes la patrie,
Qui semble être plutôt une ménagerie
Que l'asile discret au plaisir destiné.
C'est la poule qui glousse ou le chat qui miaule,
C'est le chien qui vous met les pattes sur l'épaule,
Ou Jacquot demandant si l'on a déjeuné.
Mais il est un ennui bien plus insupportable :
C'est d'avoir, tapageur, remuant et bavard,
L'enfant de la maison pour son voisin de table.
Quand on a ce malheur, que faire?... Sans retard
Qu'on grise le bambin de belle et bonne sorte,
Afin que la maman entre ses bras emporte
    Et fasse coucher le moutard.

16. *Impolitesse.*

Ne laissez, du repas quand arrive la fin,
　　Dans l'assiette point de solide,
　　Dans le verre point de liquide,
Car c'est insulte grave à qui donne un festin,
C'est jeter un grand trouble en son âme inquiète,
Que de laisser intacts, dans son verre, du vin
　　Ou des morceaux dans son assiette...
Comme aussi, c'est manquer aux lois de l'étiquette
Que se lever de table en ployant sa serviette;
　　Car c'est dire à l'amphitryon :
« Je reviendrai demain, » et prendre sa maison
Pour une table d'hôte ou pour une guinguette.

17. *Monnaie de singe.*

Toute chose a son prix, surtout un bon dîner ;
Alors qu'il s'offre à nous, hâtons-nous de le prendre.
Mais si vous ne pouvez en nature le rendre,
D'une ou d'autre façon sachez vous retourner.
Des gourmets courts d'argent l'ordinaire ressource
Est d'employer la langue à défaut de la bourse.
Ceux que l'on ne peut pas régaler à haut prix,
Par des propos joyeux il faut qu'on les égaie :
De singe, comme on dit, *c'est payer en monnaie*[1],

1. Un tarif établi par saint Louis pour régler les droits
de péage dus à l'entrée de Paris sous le Petit-Châtelet,

Mais c'est une monnaie ayant cours à Paris.
Même dans la province, où plus d'un en essaie
(Car meilleurs sont les mets quand il n'en coûte rien[1]).
Cet heureux procédé réussit assez bien,
Et dans nulle maison l'on ne s'en effarouche.
De là nous est venu l'adage italien :
« Faute d'argent en bourse ayez du miel en bouche[2]. »

18. Le Convive dédaigneux.

Je ne sais rien de détestable
Comme un convive froid, dédaigneux et hautain,
   Qui vient s'asseoir à notre table
   Sans goûts, sans désirs et sans faim,
Qui voit passer les mets *sans qu'à peine il y touche*,
Épluche tout morceau, mange du bout des doigts,
Et tremble d'approcher son verre de sa bouche.
   Cet homme, quand je l'aperçois,
Sur tous mes sens exerce un indicible empire,
   Il me fait l'effet de Satan,
   Et je suis tenté de lui dire :
« O Méphistophélès, mange ou bois..., ou va-t'en[3]. »

exemptait de taxe les *Joculateurs* qui feraient jouer et danser leurs singes devant le péager. De là le proverbe.

1. Prov. espagnol : « Gran placer, no escotar y comer. »
2. Prov. italien : « Chi non ha danari in borsa — Abbia miele in bocca. »
3. Prov. grec : « ἢ πίθι ἢ ἄπιθι. » Cité par Cicéron dans les *Tusculanes*.

19. *Le Convive traître.*

Qui de table s'en va sitôt ravitaillé,
Avant que soit la porte à deux battants ouverte,
 Mérite d'être fusillé,
 Car c'est un soldat qui déserte
 Devant l'ennemi rassemblé.
Mais il est un convive encor plus détestable,
Et c'est, disaient les Grecs avec juste raison,
Celui qui, du festin en quittant la maison,
 Se souvient du propos de table [1].
 C'est une lâche trahison,
 Et l'être qui se rend coupable
De cet acte odieux à bon droit défendu,
Comme exemple et pour prix de son humeur chagrine,
 Mériterait d'être pendu
 A la porte de la cuisine.

§ 3. BAVARDAGE, CAUSERIE ET TOASTS.

20. *Bavards à fuir.*

Dans vos repas fuyez les bavards indiscrets
Qui, tout haut racontant au voisin leurs secrets,

---

1. Après les Grecs, les Latins disaient : « Odi memorem compotorem. »

Lui tiennent les morceaux suspendus à la bouche.
Au forum, au barreau, j'aime un homme disert ;
Mais au lieu du festin, hors les mets qu'on me sert,
    Rien ne m'émeut, rien ne me touche.
De mes concitoyens ou d'un peuple étranger
    Me conteriez-vous des merveilles,
    A table je suis pour manger :
    Ventre affamé n'a point d'oreilles[1].

21. *Conversation à suspendre.*

Qui pérore et fait seul les frais de l'entretien
    D'une compagnie assemblée
Est dupe de celui qui mange et ne dit rien :
    Brebis bêlant perd sa goulée[2] :
    En tout cas retenez-le bien,
    Dans toute dînante assemblée,
Jusqu'au second service il n'est pas de bon ton
D'entamer hautement la conversation
Car alors le dîner est une grande affaire
Dont aucun assistant n'aime à se voir distraire ;
Et même en un repas artistement dressé
Où ne sont que gourmands dévots et non tartuffes,
L'on doit suspendre en l'air tout discours commencé
    Lorsque arrive la dinde aux truffes !

1. « Arduum est, Quirites, ad ventrem auribus carentem verba facere. » (CATON L'ANCIEN.)

2. Prov. espagnol : « Oveja que bala bocado pierde. »

22. Restrictions à la conversation.

Au plaisir de causer la bonne chère invite;
Gais propos à leur tour font qu'on digère mieux :
De là vient de Piron ce mot ingénieux :
« Les morceaux *caquetés* se digèrent plus vite. »
J'adhère à cet avis, n'en déplaise aux gourmands
Pour qui toujours manger est le plaisir unique,
Et qui ne voudraient perdre à table aucuns moments.
Mais qu'au moins le conteur soit vif et laconique
  Et ne soulève aucun débat.
Qu'on évite surtout de parler politique :
C'est prendre mal son temps pour gouverner l'État,
Lorsqu'à peine l'on peut se gouverner soi-même.
Sévigné, connaisseuse en délicats morceaux,
A très-bien, selon moi, résolu le problème :
  « A table, a-t-elle dit, on aime
  « *Courtes histoires, longs couteaux*[1]. »

23. La Causette.

Nombreuse compagnie est forcément bruyante;
On y parle beaucoup et l'on ne s'entend pas.
Avec quelques amis petit et gai repas
  Est chose bien plus attrayante,
Et gentil tête-à-tête a plus encor d'appas
Sur ce point écoutons un illustre poëte :

---

1. Grimod de la Reynière attribue ce mot à Mᵐᵉ *Geoffrin*.

« Il n'est vraiment rien à mes yeux »,
Nous a dit Lord Byron, « de plus délicieux
« Sur cette terre où règne une humeur inquiète,
      « Qu'un coin du feu loin des bavards,
      « Une salade de homards,
      « Du vrai champagne... et la *causette*. »

24. *La Voisine.*

Imitation d'un des plus gracieux aphorismes de Brillat-Savarin.

Dans un repas, de sa voisine
Tout convive devient le cavalier servant :
Il doit lui présenter la pièce la plus fine
Et de tous ses désirs aller même au-devant.
Toutefois dans ce noble et pieux exercice
      Distinguons : au premier service,
Le ton simple et posé d'un homme peu parlant
Est tout ce que de lui la belle doit attendre ;
Mais, au second il est tenu d'être galant ;
      Au dessert il peut être tendre.

25. *Le Toast.*

Trinquer est aujourd'hui mauvais ton et scandale ;
Bon pour la *Grenouillère* ou pour *les Porcherons.*
Des buveurs cependant c'était *la générale,*
Et même à cet appel accouraient les poltrons.
. A table, nos aïeux se faisaient aussi gloire

7

D'entonner au dessert mainte chanson à boire,
Qu'entremêlait toujours une libation,
Et dont le choc des pots formait le carillon.
La chanson quelquefois était un peu grivoise,
Car nous avions encor de la verve gauloise
    Assez ample provision ;
Et pour l'entretenir en nos cœurs, du champagne
    C'est avec le premier bouchon
Que partait tout à coup la première chanson,
D'un nectar pétillant pétillante compagne.
    Encore un usage perdu
    Et que pour ma part je regrette.
Du moins le *toast* n'est pas tout à fait défendu
    Par la trop sévère étiquette.
Or, toujours le premier est pour l'amphitryon,
Et le second toujours pour les dames présentes ;
L'un, que portent en l'air nos mains reconnaissantes,
Est de nos estomacs la chaude expression ;
L'autre part de nos cœurs, et noblement proclame
Qu'existe encor chez nous le culte de la femme.
Qui sait ce qu'en leurs flancs peuvent un jour porter,
Dans l'un et l'autre cas, ces douces accordailles ?
Toute avance qu'on fait appelle représailles,
    Et l'on sème pour récolter.

CHAPITRE IV.

ARTISTES, SERVANTS & ÉTABLISSEMENTS CULINAIRES.

---

§ Ier. CUISINE ET CUISINIERS.

1. *Le Sceptre du monde* (prologue).

Sur le globe entier répartie,
La cuisine française en tous lieux trouve accès
Et partout sert d'escorte à la diplomatie,
Qui lui doit ses plus grands succès;
De nos sanglants revers c'est la contre-partie.
Qu'aux mains de nos voisins, si fiers de leurs progrès,
Le trident de Neptune, étincelant sur l'onde,
Soit un puissant levier, et de gros intérêts
Une mine riche et féconde....,
Point ne faut envier leur aquatique lot;

Car, mieux que leur trident... ou notre *chassepot*,
La cuisine française est le sceptre du monde [1].

2. *Le Cuisinier.*

Pour manger il suffit d'avoir bon râtelier,
Et pas il n'est besoin que l'on soit bachelier ;
Mais faire la cuisine est toute une science [2]
De l'étude et du goût exigeant l'alliance.
Pour chausser grande botte on n'est pas cavalier,
Ni veneur pour porter cor de chasse en collier,
Ni cuisinier enfin, quoique sur la poitrine
On porte en bandoulière un couteau de cuisine [3] :
Du métier ce sont là les simples oripeaux.
Voudrait-on, pour tous mets, faire cuire une pomme,
C'est aisé, mais faut-il encore savoir comme [4].
Qu'est-ce donc quand on doit aborder les fourneaux ?
On n'improvise point les bons mets à la hâte :
Il faut avoir longtemps mis *la main à la pâte*
Pour bien connaître à fond tout le fin du métier.
Le caprice d'un jour peut d'un sot, peut d'un cuistre,

1. « Le trident de Neptune est le sceptre du monde. »
Vers connu de Lemierre, qui l'appelait modestement le vers
du siècle.

2. Un proverbe turc dit : « Il ne faut pas en savoir long
pour manger, mais bien pour être bon cuisinier. »

3. Prov. allemand : « Es sind nicht Alle Kœche, die lange
Messer tragen. »

4 Prov. allemand : « Es gehœrt kunst zum Æpfelbraten.»

Ou d'un mince avocat faire un premier ministre ;
Mais il faut bien des ans pour faire un cuisinier [1] !

3. *Exaltation du Cuisinier.*

Je le dis hautement, pour le bonheur de l'homme,
    Un bon cuisinier, à mes yeux,
    Fait plus qu'un habile astronome :
Nous vivons sur la terre et non pas dans les Cieux.
Découvrir mets nouveau, trouver sauce nouvelle,
Reconforter par lui, ragaillardir par elle
    Des estomacs creux ou glacés,
    Vaut mieux que s'arracher le voile
    Qui cache à nos yeux une étoile :
    On en voit toujours bien assez.
    Oui, quoi qu'en dise la routine,
    Ce qui manque à notre *Institut*,
    C'est une classe de cuisine ;
    Utile au moins serait le but.
Et pour moi, des frondeurs bravant l'injuste clique,
La science aura dit enfin son mot dernier
Lorsque mes yeux verront siéger un cuisinier
    Sur le fauteuil académique.

4. *Le Rôtisseur.*

La science est le fruit d'efforts laborieux ;

1. Un proverbe allemand dit : « Un souverain peut faire
en un jour cent chevaliers, mais il ne saurait faire un savant
en cent années. »

Le génie, au vol libre, est un enfant des Cieux.
On peint avec ses doigts, on crée avec sa tête ;
On apprend à rimer, Dieu seul fait le poëte ;
Et, nous dit Savarin, habile connaisseur,
« On devient cuisinier, mais on naît rôtisseur ! »

5. *La Cuisinière bourgeoise.*

Sans aller remonter jusqu'aux anciens auteurs,
D'illustres cuisiniers longue serait la bande ;
Non moins longue serait celle des inventeurs
Si l'on voulait fouiller dans l'histoire gourmande.
Mettons au premier rang l'infortuné *Vatel*,
Qui, las ! pour un poisson en retard, sur lui-même
  Tourna trop tôt un fer mortel,
  Et le marquis de *Beschamel*,
A qui l'on doit turbot et morue à la crème.
N'oublions pas surtout le célèbre *Carême*,
  Dont le nom, partout respecté,
  Auprès des indévots eux-mêmes
  Est en odeur de sainteté ;
Ni Brillat-Savarin, digne de notre hommage
Pour avoir inventé la *fondue au fromage*,
Et qui s'est fait un nom moins par son beau traité
Que par son *omelette aux laitances de carpe* ;
Ni le grand *maestro*, le divin Rossini,
Qui, du vieux roi David abandonnant la harpe,
S'est surtout illustré par son *macaroni* ;
Enfin le grand Dumas, du drame l'Alexandre,
Le César du roman, qui, dans ses plus beaux jours,

Des hauteurs du Parnasse a bien voulu descendre
    Pour préparer un *beefsteak d'ours.*
Mais des grands noms, qu'assez l'on connaîtra toujours,
Point ne prétends dresser ici la liste entière.
    Ce que je veux mettre en lumière,
    C'est le vrai mérite ignoré ;
Et celle qui chez nous s'offre en ligne première,
Du bourgeois de Paris c'est l'humble cuisinière,
    Ou la servante du curé.
    Toujours simple, toujours égale,
    Et pourtant toujours sans rivale,
Elle foule à ses pieds de nos plus fameux chefs
    La cuisine architecturale
Et des enjoliveurs en bosse ou reliefs
    La sculpture à l'emporte-pièce.
    Mais voyez avec quelle adresse
Elle sait, sans rien perdre, amincir un filet,
    Utiliser la léchefrite,
Sauter crêpes et pois, ou trousser un poulet.....
    Et c'est là son moindre mérite :
Ce qui surtout l'élève au rang de *cordon-bleu,*
De reine des fourneaux et d'artiste émérite,
    C'est son immortel *pot-au-feu !*
Quelquefois du panier elle fait danser l'anse,
Au pioupiou quelquefois administre un bouillon ;
Mais pour tous les marmots, enfants de la maison,
    Elle est pleine de complaisance,
Et sait toujours garder à son maître barbon,
    A sa jeune et pâle maîtresse,
Le meilleur consommé, la plus juteuse pièce,
Pour leur rendre à tous deux de la force et du ton.

Voilà, voilà mon héroïne,
Celle que je proclame aux yeux de l'univers
(Si l'univers jamais s'occupe de mes vers)
La *Jeanne d'Arc de la cuisine !*

6. *Service de la table.*

Sans doute, pour donner à chacun des assiettes,
Pour apporter les plats, pour changer les fourchettes,
Pour découper les mets, il faut des serviteurs,
Du repas qu'on nous offre aides et spectateurs :
C'est un mal, il est vrai, mais un mal nécessaire,
Gênant pour le convive et pour son caudataire,
Qui souffre aussi lui-même en voyant tant de plats
Appétissants à l'œil dont il ne mange pas ;
Et, tandis qu'il subit le tourment de Tantale,
Le plus brave à son tour des gourmands qu'on régale,
A cette mine longue, à cet air déconfit,
Sent se paralyser son robuste appétit.
Mais puisqu'à ce malheur on ne peut se soustraire,
Sans l'aide des valets puisqu'on ne sait rien faire,
Supportons bravement leurs regards curieux,
Leurs sourires narquois, leur mutisme envieux,
Sauf à nous de peser, devant eux, nos paroles,
De ne pas nous livrer à des gaietés trop folles,
Car bientôt nos discours, au dehors rapportés,
Y seraient enlaidis, accrus et commentés.
Mais du moins, au dessert, que l'on s'en débarrasse,
Et, la gêne à l'aisance aussitôt faisant place,
Livrons-nous sans scrupule aux folâtres propos,

Aux malices du monde, aux bons ou mauvais mots
Même à des calembours s'il nous en prend envie ;
Et, convives joyeux du banquet de la vie,
Dégagés de nos fers, à huis-clos casernés,
Rions tous à gilet et cœur déboutonnés.

7. *Heure militaire.*

Petit dîner longuement attendu
N'est pas donné, mais chèrement vendu.
Le principal mérite et la première étude
De tout chef de cuisine en l'art initié,
A mes yeux, c'est l'exactitude...
Elle doit être aussi celle du convié.
En affaires je suis pour l'heure militaire,
Mais à table surtout..... attendre trop longtemps
L'ouverture du sanctuaire,
Ou convive retardataire,
C'est un manque d'égards pour tous les assistants.

8. *Le Cuisinier susceptible.*

Un cuisinier en chef est facile à connaître
A son air fier et glorieux,
Car la nature l'a fait naître,
Comme l'Amour, avec un torchon sur les yeux,
Ou, comme de l'Ida le berger gracieux
D'Hélène faisant la conquête,
Avec un bonnet de coton

Galamment jeté sur la tête.
La soubrette égrillarde et la grosse Gothon,
Chacune lui sourit.. ... Le petit marmiton
      Humblement devant lui s'incline,
Les enfants du logis lui pincent le menton,
La maîtresse elle-même au besoin le câline...
Et de ses noirs sourcils au moindre froncement,
Tout l'Olympe est saisi d'un soudain tremblement [1]
Vain de ses attributs et de sa bonne mine,
Surtout de son talent comme chef de cuisine,
      Il est susceptible, ombrageux.
Et si le maître un jour de critiquer s'avise
Ce nouveau Jupiter en manche de chemise,
Déchirant aussitôt son tablier en deux,
Sans plus s'inquiéter du dîner qui s'apprête,
      Il jette à terre son couteau,
Comme Coriolan opère sa retraite,
Et laisse en désarroi la broche et le fourneau,
Dans l'embarras un maître, hélas ! qui le regrette,
      Et les dîneurs *le bec dans l'eau.*
Toi donc qui veux avoir vie en tout confortable,
      Repos d'esprit, souci de rien,
      Et toujours excellente table,
Ne mets pas en oubli ce proverbe Indien :
« Vis en bonne harmonie, en entente complète,
« Avec le médecin, le *prêtre* [2], le poëte,
« L'obstiné qui toujours veut avoir le dernier,
« Ton monarque...., et surtout avec ton cuisinier. »

---

1. « Annuit et totum nutu tremefecit Olympum. » (Virg.)
2. Le proverbe indien dit : « l'astrologue ».

9. *Dispute intérieure.*

Entre la cuisine et l'office,
Les hommes des fourneaux et les gens de service,
    Valets, cuisiniers, marmiton,
Maintenez, s'il se peut, la bonne intelligence.
    Ce n'est pas facile, dit-on,
    Tant querelleuse est cette engeance,
Mais c'est essentiel....; car, lorsque pour un mot,
Pour quelque Maritorne ou pour quelque Margo,
Ils se battent entre eux à grands coups de férule,
    Ou plutôt de cuillère à pot,
    Tout se refroidit et tout brûle [1],
Et ce sont les dîneurs qui *croquent le marmot*
    Ou sont réduits à *la sportule* [2].

10. *La Foi.*

Aussi, pour que toujours avec plaisir l'on dîne,
Point ne faut rechercher comme on fait la cuisine.
    Si le gosier avait des yeux,
De faim mourrait bientôt, je crois, tout curieux.
Vous donc qu'à bien manger l'odeur des mets excite,
N'allez pas trop avant fouiller dans la marmite,

1. Prov. chinois.
2. Desserte de table ou portion de comestibles que, chez les Romains, les riches amphitryons faisaient distribuer, à la porte de leur domicile, à leurs clients ou parasites formant leur cortége habituel dans les lieux publics.

Soulever sans motif le couvercle du pot,
  Voir au fond de la casserole :
Ce serait au festin ôter son auréole,
  Et trop cher payer son écot. -
Au céleste séjour il est plus d'un mystère,
Et notre cerveau s'use à vouloir les sonder.
La main du cuisinier a les siens sur la terre,
Et l'appétit se perd à trop y regarder.
Sans se creuser l'esprit, dîner de confiance,
Du sage et vrai gourmand est la suprême loi ;
Car en cuisine, ainsi qu'en divine croyance,
  Ce qui nous sauve, c'est la foi.

§ 2. ÉTABLISSEMENTS CULINAIRES.

11. *Les Restaurateurs.*

Précurseur et rival de notre République,
D'aliments toujours prêts arsenal et boutique,
Le restaurant, qui sait se faire à tous les goûts
Comme à toute fortune, a détrôné chez nous
  La cuisine aristocratique ;
Et nos restaurateurs, chez toute nation
  Apôtres et missionnaires
  De la civilisation,
  Ont des coreligionnaires.....
Car la cuisine est bien une religion.
Du restaurant français, dans notre capitale

La belle époque fut l'époque impériale.
Or, dans mes souvenirs le premier nom qui vient
Est celui de *Baleine,* au quartier de la halle,
Et tout vieil amateur encore se souvient
Des succulents dîners du *Rocher de Cancale.*
Il ne saurait non plus oublier *Henneveu,*
L'illustre fondateur du galant *Cadran bleu,*
Où les couples admis, au feu de la cuisine,
De l'amour en leur cœur alimentaient le feu ;
Car sans pain et sans vin Vénus fait triste mine [1].
Il faut citer encore au nombre des premiers
Le trio-calembour : *Ro, Méot* et *Juliette,*
Robert, Grignon, Véry, Legacque et *Bauvilliers ;*
Et les pieds de mouton du bourgeois *Veau qui tette ;*
Puis au-dessus d'eux tous les *Frères Provençaux,*
Qu'ont immortalisés leur cave et leur *brandade.*
Hélas ! si de nos jours l'art est en reculade,
Si l'on trouve partout les mêmes godiveaux,
Une sauce-omnibus, un mélange hérétique,
Et pour le mitiger un vin trop catholique,
Les anciens ont encor quelques nobles rivaux :
Brébant puis *Corazza, Lointier, Véfour, Vachette ;*

---

[1]. « Sine Cerere et Baccho friget Venus. » (Prov. latin.)
« Sans pain, sans vin, l'amour n'est rien. » (Prov. français.)

Sans Cérès et Bacchus toujours Vénus est froide.

(CL. MAROT.)

Scarron a rendu la même pensée en deux vers burlesques
que nous croyons devoir remplacer par ceux-ci :

Sans Bacchus et Cérès Vénus grelotte et gèle,
Et Cupidon à jeun ne bat plus que d'une aile.

Mais c'est au poids de l'or qu'un bon dîner s'achète.
Si la chère a baissé, le tarif a grandi.
Arrière tout gourmand s'il est ou pauvre ou chiche,
Car riche il faut qu'on soit pour dîner chez *Hardi*,
    Et hardi pour dîner chez *Riche*.
Pour le luxe, l'apprêt, et surtout pour le prix,
La vogue est à présent au *café de Paris*.
A lui d'autres un jour succéderont..... En France,
L'art du restaurateur jamais ne périra,
Et dans ce beau pays, gardons-en l'assurance,
Le cuisinier anglais jamais ne régnera.

12. *Le Garçon de restaurant*.

Si, dans un restaurant, d'une voix empressée,
Un garçon inconnu vous offre du turbot,
C'est que la chair en est ou flétrie, ou passée;
Répondez-lui : « Je veux saumon ou cabillot. »
D'un sage retenez la formule sensée :
    « Ainsi que la langue, au garçon
    « Le ciel n'a donné le poisson
    « Que pour déguiser sa pensée.
Mais dans le même endroit allez-vous d'habitude,
Adressez-vous toujours au même serviteur,
De lui complaire en tout faites-vous une étude,
Lâchez-lui chaque jour un petit mot flatteur,
    Et surtout graissez-lui la patte :
Mode communément en cuisine adopté.
Un garçon bien graissé n'a point une âme ingrate;
Et lui qui de tout mets connaît la qualité,

De sa protection vous jugeant alors digne,
Il vous dira toujours, témoin assermenté,
   Ou de vive voix ou par signe,
Toute la vérité, rien que la vérité,
   Sans la moindre feuille de vigne.

13. *Les Dîners à prix fixe.*

On dîne à toute heure à Paris,
   Dans tous les coins, à tous les prix ;
Mais si, dans la splendide et vaste métropole,
Il est des restaurants dignes d'un vrai gourmet,
   Il en est où la casserole
   Exhale un perfide fumet.
La roche Tarpéienne est près du Capitole[1],
Et non loin de Véfour est l'antre de Rouget.
Gastronomes, fuyez le dîner paradoxe
Dont *deux francs*, même trois, sont le modeste taux :
C'est à peine celui d'un seul mets orthodoxe,
Et l'on vous en sert quatre en bols ou sur plateaux.
Fuyez surtout, fuyez ces guêpiers cholériques,
   Ces lupanars gastronomiques,
   Ces restaurants du désespoir,
Où pour vingt sols et moins, à chacun accessibles,
Dès filles à deux fins et du plus bas terroir
   Vous servent des mets impossibles,
   Des ragoûts lilliputiens

---

1. Vers de Lafosse, dans sa tragédie de *Manlius*. Une heureuse application faite par Mirabeau à la tribune de l'Assemblée constituante a rendu ce vers proverbial.

Et des desserts microscopiques,
Que point nous n'offririons même à nos domestiques,
Et dont point ne voudraient nos chiens.
De la cuisine, hélas ! si vos faibles moyens
Ne vous permettent point d'aspirer au lyrisme,
Oh ! du moins ne descendez pas
A ces ignobles restaurants
Où tout mets est un barbarisme
Et toute sauce un contre-sens ;
Où le potage aqueux échappe à l'analyse,
Où les beefsteaks devraient passer en cour d'assise,
Où le vin empoisonne et trouble tous les sens.
Ce sont eux qui, les jours de poisson ou de lièvre,
Donnent à leur quartier la colique ou la fièvre,
Font aux proches voisins déserter leur maison,
Aux marchands fermer leurs boutiques,
Et du water-closet, par leur exhalaison,
Effaroucheraient les pratiques.

14. *Les Monastères.*

Qu'on soit peu partisan de nos couvents modernes,
J'en gémis et je le conçois :
Dépouillés de prestige et privés de tous droits,
Ne sachant plus que tendre aux mourants leurs longs doigts,
Nos pauvres besaciers, obséquieux et ternes,
Au chapitre du monde aujourd'hui n'ont plus voix.
Mais combien je regrette, hélas ! ceux d'autrefois !
Ceux-là du moins ils savaient vivre,
Bien vivre et vivre bien.... Fouillant nos vieilles lois,

De leur sépulcre obscur exhumant nos vieux rois
La science leur doit plus d'un curieux livre,
  Nos carrefours leurs saintes croix,
L'histoire et nos missels plus d'une enluminure.
    Aux indigents hospitaliers,
Ils firent prospérer partout l'agriculture
Et surent de la vigne étendre la culture.....
Ces titres valent bien ceux des plus grands guerriers.
Mais ce qui fait surtout leur mérite et leur gloire,
Ce qui mit sur leurs fronts tant d'immortels lauriers,
C'est leur talent dans l'art de manger et de boire.
On ne voyait chez eux que de riches greniers,
Que chapelle étriquée et large réfectoire,
Que viviers poissonneux et qu'abondants clapiers.
Si la bibliothèque était un peu petite,
En revanche du moins grande était la marmite
    Et vastes étaient les celliers.
Du pays culinaire habiles pionniers,
Ils trottaient tout le jour d'un pas infatigable
De leur lit à l'autel, de l'autel à la table ;
    Et point il ne faut s'étonner,
    Quand on connaît leur gourmandise,
    Si, dans ces beaux temps, leur devise
    Fut : *Courte messe et long dîner.*
    Oui, de notre docte cuisine
    Les moustiers furent le berceau.
Des frères assemblés la savante doctrine
Chaque jour enfantait un prodige nouveau,
Et l'on pourrait encor retrouver l'origine
    De plus d'un délicat morceau
    Si l'on consultait leurs archives ;

8.

Car c'est là que de leur cerveau
  Se concentraient les forces vives ;
Et sans aller bien loin rechercher tous leurs dons,
C'est des Bénédictins aux sensuelles lèvres
Que nous avons reçu nos pâtés de lièvre,
  Et des Jésuites..... nos dindons.
Gourmands mal avisés et singes de Voltaire,
Ne déclarons donc point la guerre au monastère ;
Au contraire, honorons, par un juste tribut,
Ces asiles pieux, retraites monacales,
  De Comus écoles normales
Et de l'art culinaire admirable Institut.
Laissons ressusciter les ordres monastiques,
Qui nous ramèneront leurs coutumes antiques ;
Que ce soit de nos vœux le motif et le but,
Et, nouveaux chevaliers d'une autre Table ronde,
Répétons tous en chœur, au milieu du repas :
  « Si le moine n'existait pas,
« Il faudrait l'inventer pour le bonheur du monde. »

15. *Le Cabinet particulier.*

Le cabinet particulier
Où l'amant affamé conduit sa jeune amie,
Sans doute a pour tous *deux* un attrait *singulier*,
Mais c'est chose étrangère à la gastronomie.
Remplir son estomac et de mets le charger
  N'est pas leur principale affaire.
  On ne va pas là pour manger,
  On a bien autre chose à faire.

Comme le vieux Caton dans le sénat romain,
Le garçon en ce lieu brille par son absence ;
Pour presser un genou, pour serrer une main,
    Qu'a-t-on besoin de sa présence ?
Que vont-ils donc chercher dans ce charmant séjour ?
Comme dit la chanson : le champagne et l'amour,
Un soufflé... qui succède aux serments de constance ;
Un fruit peut-être... et point de plat de résistance.

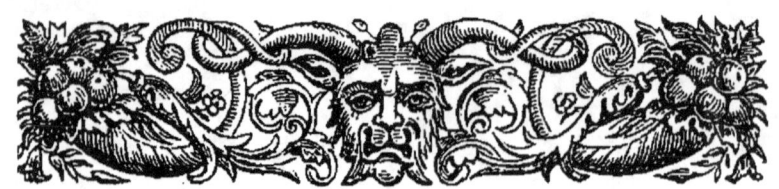

CHAPITRE V.

METS & VINS.

Non in solo pane vivit homo.

(*Deuter.*, VIII, 3.—S. MATHIEU, IV, 4.

§ I. METS.

1. *Potage.*

Le potage est le fondement
De tout dîner solide et dont les friandises
  Ne sont là que pour l'ornement,
  Pour l'archivolte et pour les frises.
C'est le bain de mortier, c'est la chaux, le ciment
Où viendront du repas se poser les assises ;
  Ou, pour parler plus dignement
  Et dans un plus élégant style,

Du dinatoire monument
C'est le portique ou péristyle ;
Ou bien du livre ouvert sous les yeux du gourmand
C'est l'indispensable préface,
Solide ou léger aliment,
Protée à la changeante face,
Inventé pour nourrir ou pour aiguillonner,
Pour l'un mets principal et pour l'autre accessoire,
Du pauvre c'est tout le dîner,
Et du riche qui veut largement festiner,
L'exercice préparatoire.

2. *Bouilli.*

Toute époque a ses goûts, tout art a ses progrès :
Sans donc retourner en arrière,
Laissons-nous au courant entraîner sans regrets
Et ne restons pas dans l'ornière.
Faut-il donc s'en tenir aux mets de nos aïeux,
Alors que l'on sait faire aujourd'hui beaucoup mieux,
Lorsque le siècle va de surprise en surprise ?
Laissons aux encroûtés, aux amateurs du vieux,
Au poëte qui *Ronsardise,*
Au voltigeur du temps de la capote grise,
Le dindon aux navets et la langue de veau,
Le pigeon en compote et le plat fricandeau :
Tous mets qui maintenant ne sont guère de mise,
Que détrône le goût, et qui sentent un peu
Le dîner d'antiquaire ou de bibliophile.
Mais surtout repoussons le bourgeois *pot-au-feu,*

Qui, naguère en honneur, des faubourgs de la ville
A passé de nos jours aux modestes hameaux.
Sans doute le bouillon a bien quelque mérite
Lorsque avec de grands yeux il sort de la marmite
Comme jadis sortit de l'écume des eaux
    La voluptueuse *Aphrodite* ;
Mais à sa suite, hélas ! il traîne le *bouilli*,
Résidu sans saveur, sans goût, sans consistance,
Qui, loin de ranimer l'estomac affaibli,
Le laisse entièrement privé de subsistance.
Le bouilli...., faites-y sévère attention,
C'est un trouble-ménage incessant et notoire,
Ce qu'on nomme au Palais un cas rédhibitoire,
Un motif à plaider en séparation ;
Et le pauvre mari qu'à s'en repaître en force
N'a plus qu'à demander avec componction
    Aux élus de la nation
    Qu'on rétablisse le divorce.

    3. *Aloyau et beefsteak.*

On distingue dans l'aloyau
Du procureur le fin morceau
Ou part du milieu, toujours tendre,
Et celui du clerc, qu'au couteau
L'on ne peut découper ou fendre.
Or c'est là, je crois, une erreur,
Car du globe sur la surface
Il n'est rien de plus coriace,
Dit Grimod, qu'un vieux procureur.

Mais laissons là cette antithèse,
Jeu de mots et pure fadaise.
Qu'est-il de meilleur sous nos dents
Qu'un aloyau cuit à l'anglaise,
Noir au dehors, rouge au dedans,
Ou beefsteaks juteux et fondants
Tout doucement cuits sur la braise ?
Mais que l'aloyau soit trop sec,
Ou que, par malheur, le beefsteak
Résiste à la mâchoire lasse,
Tout en maudissant notre lot,
Cédons de la meilleure grâce,
Nous n'aurions pas le dernier mot.

4. *Sel.*

Ainsi qu'en vos discours, dans votre nourriture,
Amis, faites de sel une ample immixtion.
    Incorruptible par nature,
Le sel garantit tout de la corruption.
De l'immortalité c'est l'emblème fidèle.....
Aussi chez nos anciens et pieux devanciers
    Tout repas non salé s'appelle
Un *banquet diabolique* ou *souper de sorciers* [1].
S'il faut croire pourtant l'*Ecole de Salerne*
(Et j'y crois assez peu pour ce qui me concerne),

---

1. « Salem abhorrere constat diabolum, quia sal æternitatis est et immortalitatis signum, neque putridine neque corruptione infestatur unquam. » (Moresin, *Papatus*, page 154.)

Le sel pris à l'excès est aussi malfaisant
Que, pris avec raison, il est sain et propice ;
Car, admirez où va se nicher sa malice !
Il excite la femme et rend l'homme impuissant [1].

5. Dinde.

Jadis, chez nos aïeux, aux vieux *us* trop fidèles,
On aimait *de l'évêque à faire le bonnet,*
C'est-à-dire d'un dinde, au milieu cassé net,
    On ne découpait que les ailes ;
    Et le maître de la maison
S'écriait tout à coup d'une voix inspirée :
    « Gardez ces deux cuisses, Suzon,
« Pour en faire demain une petite entrée. »
    (Ce qu'il disait d'une façon
    Bien autrement aventurée.)
Mais aujourd'hui le mot est d'assez mauvais goût ;
    On n'y met point tant de malice :
    De la Dinde on découpe tout,
Du bas de l'aileron au sommet de la cuisse.....
Et l'on réserve à part, sans affectation,
    Mais par exquise politesse,
    Pour les dames le croupion,
Et pour les gens d'esprit, comme distinction,
    Ce qu'on nomme le sot l'y laisse.

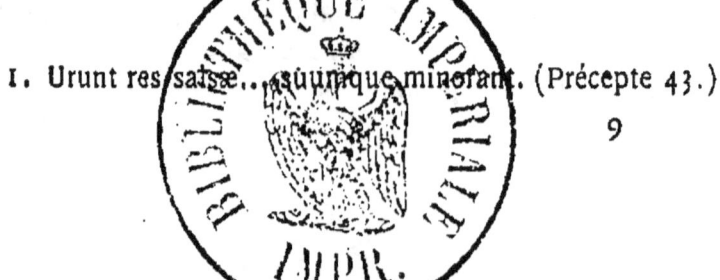

1. Urunt res salsæ... suumque minorant. (Précepte 43.)

6. Hors-d'œuvre et légumes.

D'un festin tout concourt à l'ordonnance entière ;
Il n'est rien d'inutile, il n'est rien de petit :
    Si les hors-d'œuvre sont la pierre
    Où s'aiguise notre appétit,
N'oublions pas non plus, aux heures de bombance
    Où nous emplissons notre sac,
Que les légumes sont la plaque d'assurance
    Contre les feux de l'estomac.

7. Poisson.

« Celui qui, le premier, a dit certain auteur,
« Dans la glace amena du poisson à la halle,
« Mériterait bien d'être, à titre d'imposteur,
« Dévoré par les ours de la mer glaciale. »
La glace n'est qu'un leurre, un vain palliatif.
C'est alors que de l'eau le pêcheur le retire
    Que le poisson, pris sur le vif,
Doit aller sur le gril ou dans la poêle à frire ;
Car ce pudique fruit de l'humide élément
N'admet aucun con   t, aucun attouchement.
    Le poisson, c'est la sensitive
Qui, dès qu'on en approche, inquiète et craintive,
Sur elle se replie et se ferme soudain ;
C'est la vierge en la fleur de son adolescence,
Et qui voit se ternir sa robe d'innocence
    Au plus léger souffle mondain.

8. *Pièce truffée.*

Qu'on ne me parle pas de ces dindes truffées
Paraissant à l'œil nu largement étoffées,
Mais au corps sec et dur, à la chair sans saveur,
De la truffe inhabile à recueillir l'odeur,
Qui de nos gros marchands garnissent l'étalage,
Et dont nul ne connaît la provenance ou l'âge.
Bon pour des épiciers..... Mais pour nous, vrais gourmands,
Prenons, prenons plutôt un gras chapon du *Mans*,
Et, sous la pression sans craindre qu'il éclate,
De truffes bourrons-le jusques à l'omoplate.
S'harmonisant entre eux, l'odorant végétal
Lancera son arome aux flancs de l'animal,
Et l'animal, en qui trop de séve circule,
Du surplus de ses sucs oindra le tubercule.
Voilà ce qui s'appelle un mets délicieux,
    Une chair fine et délicate,
Digne d'être servie à la table des dieux,
    Même à celle d'un diplomate.

9. *Le Gibier.*

Que de mets au gourmand sait procurer la chasse,
Qui tous flattent le goût et l'odorat et l'œil :
Bartavelle, ortolans, gélinotte, bécasse,
Râle, lièvre, lapin, faisan, cail' et chevreuil !
Ajoutons-y pluvier, sarcelle et bécassine.
    Qui n'a pas mangé de vanneau

N'a point, dit-on encor, *mangé de bon morceau.*
Bref, sans plume et sans poil, pas de bonne cuisine ;
Mais aussi le gibier veut être faisandé.
Il faut donc qu'en l'office il soit longtemps gardé,
    Même, au besoin...., dans les latrines :
De quelques vieux gourmets procédé hasardeux,
    Et qui faisait dire à l'un d'eux :
« Pour manger la perdrix, bouche-toi les narines [1]. »

10. *Entremets.*

    Plat au beurre ou bien sucrerie,
Le léger entremets comme femme varie,
S'offrant toujours à nous sous des aspects nouveaux.
Car pour les entremets il existe une mode,
Tout comme, des saisons à chaque période,
    Pour les robes et les chapeaux.

11. *Les Primeurs.*

Chaque chose en son temps, chaque chose à son heure;
Sinon, d'un fol espoir on se berce, on se leurre :
Toute couche avant terme amène un avorton.
Par des moyens fictifs, par la pisciculture,
Par forte pression de la température,
Sans doute l'on produit fruit, légume et poisson ;
Mais c'est, en la forçant, outrager la nature,

1. Prov. espagnol : « Tupar la nariz, y comar la perdiz. »

Qui par pique ou dépit ne donne rien de bon.
Sur l'arbre dont elle est l'ornement et la gloire,
Point ne faut arracher, mais bien cueillir la poire
Lorsqu'elle est toute prête à tomber dans la main.
Tout fruit né hors saison est amer ou malsain ;
Car, exact et toujours fidèle à sa parole,
Le temps ne permet pas qu'on fasse rien sans lui.
    C'est vanité, c'est gloriole
De vouloir posséder imparfait aujourd'hui
Ce qui sera demain bien meilleur pour autrui.
Le vrai gourmand n'a point cette ambition folle ;
Il veut tout à son point, à sa maturité.
Puis, la primeur est chère...., encore une faiblesse,
    Encore une autre vanité
Qu'inspire non le goût, mais la seule richesse.
Car dans ce composé de maigre et faible espèce,
    De l'art produit étiolé,
Ce qui plaît et séduit c'est le luxe étalé ;
Et par un jeu de mots pour clore ma tirade,
Avec certain docteur joyeusement stylé,
Je dis : toute primeur au goût serait trop fade,
    Si ce n'était pas si *salé* [1].

12. *Salade.*

La salade au second service
Au gourmand est souvent propice,
Car elle dégraisse les dents
Et surtout rafraîchit la bouche.

[1]. Decourcelle, les *Formules du docteur Grégoire.*

9.

Plus d'un pourtant s'en effarouche ;
Mais, pour parer aux accidents
Que trop crue ou trop cotonnée,
Ou pas assez assaisonnée,
Elle ferait naître au dedans,
Il faut qu'elle soit *bien salée,*
Peu vinaigrée et très-huilée[1],
Et qu'on la retourne en tous sens.
Autrement, madame salade
N'est qu'une beauté sèche et fade,
Qui ne parle jamais aux sens.

13. *Fromage.*

A toute chose il faut son assaisonnement,
Et c'est avec raison qu'au dessert seulement,
Après tant de chocs lourds et de morsures vives,
Le fromage apparaît aux regards des convives ;
Car de tout bon dîner il est le complément,
Comme de tout mauvais il est le supplément.
En vain de mille fruits vous m'offrez l'étalage,
En vain des *plats montés* le svelte échaffaudage
Sur un *surtout* en or s'élève avec orgueil :
Il me faut *roquefort,* ou *brie* ou *sassenage* ;
Car, *Savarin* l'a dit : un dessert sans fromage
Est comme une beauté qui n'a plus qu'un seul œil.

1. Prov. italien : « La salata ben salata, pocco aceto, molto ogliata. »

14. *Le Cochon.*

Des jours du carnaval le héros véritable,
Le patron des viveurs et le roi de la table,
    Sans contredit, c'est le cochon.
    C'est le grand saint de toute fête :
    En lui, comme on dit, *tout est bon,*
    Depuis les pieds jusqu'à la tête.
En vain, pour se cacher à l'œil qui veut le voir,
Haché, saigné, coupé par jambon ou par tranche.
Il revêt tour à tour du *boudin* le froc noir,
    De l'*andouille* la robe blanche,
    Du *saucisson* le justaucorps,
    La résille de la *saucisse :*
Sous ces ajustements et variés décors,
    Il faut toujours qu'il se trahisse
    Par l'exquis fumet de sa chair :
    Ainsi que l'humble violette
    Qui ne décèle sa retraite
Que par le doux parfum qu'elle exhale dans l'air.
Il plaît à tous les goûts, à tous les mets s'applique,
Et c'est, comme l'a dit un illustre gourmet [1],
    L'animal encyclopédique,
    Et de tout repas le bouquet.
Mais ce qui de lui fait un personnage épique,
Ce qui lui garantit un éternel renom,
Ce n'est pas, selon moi, sa carrure de moine,

[1]. Grimod de la Reynière.

Ce n'est pas l'amitié qu'eut pour lui saint Antoine....,
Des truffes c'est qu'il est..... le Christophe Colomb!

15. *Le Réveillon.*

Il est certain repas, únique en son espèce,
 Qui n'est ni souper ni dîner,
 Ni goûter, lunch, ou déjeuner
Et de minuit n'a lieu qu'au sortir de la messe.
Consacré par le temps et la religion,
Du Seigneur aux mortels annonçant la naissance,
 En signe de réjouissance
 On le nomme le *réveillon.*
Le mot dit tout..... Hélas! en ce siècle trop sage,
Le réveillon s'en va comme tout vieil usage,
 Et pourtant il avait du bon.
 Alors, riche ou pauvre, tout homme
 Se plaisait à fêter le jour
Qui vient nous racheter du péché de la pomme,
 Symbole d'espoir et d'amour.
Le riche amphitryon, qui se carre et se cambre
De son menu devant le splendide tableau,
Offrait aux conviés le pluvier, le vanneau,
 Honneur et gloire de Décembre.
Le pauvre au charcutier demandait jambonneau,
Petit salé, boudin, ou tout autre morceau
Qui l'appétit éveille et la soif aiguillonne ;
 Car, ce jour-là, maître pourceau
Sur la ligne en entier donne de sa personne,
Sur la braise, le gril, la broche ou le fourneau,

Montrant partout les pieds, l'oreille et le museau,
En mille aspects divers se change et se façonne.
Bref, le jour de Noël, qui n'éclôt que la nuit,
Et qui souvent d'amour amène plus d'un fruit,
Ne fait pas retentir que de pieux cantiques :
    C'est le jour des chansons bachiques,
Des baisers dérobés et du joyeux caquet,
    Des douze mois gastronomiques
    La girandole et le bouquet.

§ 2. VINS.

16. *Dîner sans vin.*

Tout dîner où le vin fait défaut au gourmand,
C'est lanterne magique où manque la chandelle,
Opéra sans décors, concert sans instrument,
    Marionnettes sans ficelle ;
Ou, comme a dit encore un moderne écrivain
    Qui souleva mainte tempête [1] :
    « Bonne table sans du bon vin,
    C'est une femme belle et bête. »

17. *Bouteilles et verres.*

Que le couvert présente un aspect gracieux,
Et, même avant le goût, satisfasse les yeux ;

[1]. Eugène Sue.

Mais ne transvasez pas le vin qu'on sert à table
    Dans des carafes de cristal.
    C'est un usage détestable,
    C'est un transbordement fatal ;
Car au vin, doux nectar et salutaire baume,
Il ôte son parfum, son bouquet, son arome,
    La fleur de sa virginité.
Non, non : conservez-nous la bouteille grossière,
    Et qu'en signe de vétusté,
Son flanc étale aux yeux une noble poussière
    Et plus d'une rugosité,
Comme un soldat couvert de mainte cicatrice
Et qui n'a plus en lui rien d'entier que le cœur,
Comme un drapeau sortant tout sanglant de la lice
    Troué, déchiré, mais vainqueur.
    Puis, par un contraire système,
Mais toujours dans un but favorable au gosier,
N'aspirez votre vin qu'en verre de Bohême
    Aussi mince que du papier,
Car, pour peu qu'il existe un léger intervalle
    Entre les lèvres et le vin,
    Dans les airs se perd et s'exhale
    Quelque atome du jus divin.

18. *Toast utile.*

Du maître de maison proposer la santé
    Quand plus n'est de vin sur la table,
C'est là le vrai moyen qu'il en soit rapporté
    Et même de plus confortable ;

C'est un adroit détour, un heureux à-propos
    Qui fait exhiber de sa cave
Le *Saint-Emilion*, le *Pacaret*, le *Grave*,
    Cachés derrière les fagots.

19. *Champagne.*

    Je ne sais pas de bons repas
    Si le champagne n'y pétille ;
    Toute cave qui n'en a pas
    Est une montre sans aiguille.
Aussitôt qu'au plafond le bouchon a sauté,
Et qu'en mousse le vin se dilate et se change,
Hâtez-vous de vider le verre présenté :
    Laisser du champagne en vidange,
C'est se faire à soi-même une incivilité.

20. *Boire sec.*

Un sage et vrai gourmet, toujours se maîtrisant,
Doit au premier service et tout le temps qu'il dure,
Mouiller son vin ; sinon, c'est à l'orgueil présent
Sottement immoler la volupté future.
Mais quand viennent les vins ou fins ou de haut goût,
Lorsqu'avec le rôti le bordeaux se débouche,
Buvons sec et vidons notre verre d'un coup ;
Trop d'arome se perd de la coupe à la bouche [1],

1. « Multa cadunt inter calices supremaque labra. » Aulu-Gelle. (Trad. d'un vers grec.)

Vin qu'on laisse en vidange est, hélas ! vin perdu.
De vin pur le curé, par défaut de mémoire,
Remplit-il le calice, arquant son bras tendu :
« Quand le vin est tiré, dit-il, il faut le boire. »

21. *Les trois Coups.*

Le vrai gourmand jamais n'hésite,
Après soupe brûlante, à boire un coup de vin[1] ;
Car *vin pris de la sorte enlève une visite,*
    Et même deux, *au médecin.*
Autre libation, tout aussi salutaire,
    Entre deux services a lieu.
    On l'appelle *coup du milieu :*
C'est celui qui surtout à la femme doit plaire.
Enfin, après avoir goûté de tous les mets,
Le *coup de l'étrier* devient obligatoire.
Et je conclus de là qu'*avant, pendant, après,*
    Le vrai gourmand doit toujours boire.

22. *Coup redoublé.*

Quand on a commencé, faut achever sa route,
Sans chercher où l'on va ni demander combien.
La première bouteille est la seule qui coûte ;
De vin tout coup nouveau rajeunit l'ancien[2].

---

1. *Ut vites pœnam, de potibus incipe cœnam.*
                    (ÉCOLE DE SALERNE, Précepte 45.)

2. Prov. allemand : « Ein guter Trunk, macht Alte jung. »

Si le vin de la veille, agitant la cervelle,
Te rend, pauvre buveur, mélancolique ou fou,
    Rebois le matin de plus belle [1] :
    Un clou chassera l'autre clou.

23. *Qui a bu boira.*

S'il est un fait partout notoire
Et que nul ne récusera,
C'est que *quiconque a bu boira*,
Car *plus on boit plus on veut boire.*
En pèlerinage voisin
Peu de cire et beaucoup de vin [2]
(Ce qui, soit dit tout bas, n'est point déjà si bête)
Et *tant dure le vin, tant dure* aussi *la fête.*
Boire ne peut d'ailleurs nuire à notre salut,
Car, dit un vieil adage : *Après grâces Dieu but* [3].
Veuf de vin, le gosier se dessèche et se rouille :
On ne peut pas filer si jamais *on ne mouille.*

1.   *Si nocturna tibi noceat potatio vini*
           Matutina hora rebibas et erit medicina.

           (ÉCOLE DE SALERNE, Précepte 13.)

2. Prov. espagnol : « Romeria de cerea, mucho vino y poca cera. »

3. Un grave auteur, Boetius Epo, attribue l'origine de ce proverbe à des indulgences accordées par le pape Honorius à tous les Allemands qui boiraient un coup après avoir dit grâces, prière fort négligée par eux au moyen âge. (Voir à ce sujet la note de Viollet Le Duc dans son édition de Regnier, Satire II, et celle de Gabriel Peignot dans ses *Amusements philologiques*, page 399.)

Le vin rajeunit l'homme et le fait vivre tard,
Car *le vin,* comme on dit, *est le lait du vieillard.*
    Enfin c'est à leurs rouges trognes
    Qu'on reconnaît les hommes sains,
    Et *l'on voit plus de vieux ivrognes*
    Qu'on ne voit de vieux médecins.

CHAPITRE VI.

MIETTES ET GOUTTES

---

§ I. MIETTES.

1. *Point de phrases.*

Les plus belles phrases du monde
    Ne remplissent point l'estomac [1].
Jadis, frère quêteur, lorsqu'il faisait sa ronde,
De fleurs ne cherchait point à remplir son bissac ;
Sa besace, partout et sans bruit promenée,
Et rentrant néanmoins pleine le plus souvent,
    Nourrissait plus d'une journée
    Et le quêteur et son couvent...
Mais des beaux mots..., autant en emporte le vent.

---

[1] Prov. flamand : « Praetjes vullen den buyk niet. » Le proverbe allemand dit : « Belles paroles ne se mettent point en poche (Worte füllen den Bauch nicht). »

Du mendiant la face est poudreuse sans doute[1]
Et ferait fuir les gens si la bouche parlait,
Mais sébile ou chapeau s'emplissent sur la route
Avec ce seul refrain : « Charité, s'il vous plaît. »
On boit plus vite un coup qu'on ne conte une histoire[2].
C'est pour faciliter le jeu de la mâchoire
    Que par les dieux à l'être humain
    La langue en naissant fut donnée,
    Et *de pain la pleine poignée*
    Vaut mieux que celle de la main.
Tout chagrin en effet s'avale avec le pain[3],
Avec lui notre bien s'accroît et le mal s'use ;
Mais quand le sac est vide ou cesse d'être plein,
    Plus ne chante la cornemuse[4].

2. *Fumée.*

    « De fumée il n'est point sans feu, »
    Ou « point n'est de feu sans fumée. »
    C'est là de mots un double jeu
Qui s'applique aux cancans et propos qu'en tout lieu
Sème indiscrètement la folle renommée.
    Mais le véritable gourmand,

---

1. Prov. turc : « Sa face est poudreuse, mais souvent sa besace est pleine.»

2. Prov. écossais : « Shorter is a draught, than a tale. »

3. Prov. espagnol : « Todos los duelos con pan son buenos. »

4. Prov. allemand : « Weun die Sackpfeife nicht voll ist, so kirrt sie nicht.»

Qui se plaît à flairer la maison où l'on dîne,
Est plus vrai lorsqu'il dit assez piteusement :
« *Où n'est point de fumée, il n'est point de cuisine* [1]. »

3. *Médiocrité.*

La médiocrité que tant de gens colportent
    Est admise dans maint salon ;
Mais trois choses il est qui point ne la supportent :
    Les vers, le vin et le *melon.*

4. *Découverte des truffes.*

« La vapeur, la boussole et l'électricité,
« Nous avons, disons-nous hommes francs ou tartuffes,
    « Tout découvert, tout inventé. »
Mais, ô faible mortel, pétri de vanité,
Ce n'est pas toi pourtant qui découvris les truffes.

5. *Niches.*

A table point de niche ou de malices sottes
Qui troublent le repas sans apaiser la faim.
    Il vaut mieux manger des carottes
    Que d'en tirer à son voisin.

1. Prov. espagnol.

6. Commission.

De la commission que l'on veut lui donner
Pour que votre valet rapidement s'acquitte,
Ne le faites jamais partir après dîner,
Mais avant.. ... : soyez sûr qu'il reviendra plus vite.

7. Epitaphe d'un gourmand.

Cy-gît Mons Goulandart, mort d'indigestion :
Que son dernier repas pour lui fut doux à prendre [1]
　　Le gourmand le trouva si bon
　　Qu'il ne voulut jamais le rendre.

8. Proverbe espagnol.

Pour bien vivre, voici le meilleur cuisinier :
Pain d'hier, chair du jour et vin de l'an dernier.

9. Proverbe basque.

Chez les Basques on dit : « Le jeûne a trois soulées [1] :
« Le souper de la veille et du jour le dîner,
　　« Et pour compléter les tablées,
　　« Du lendemain le déjeuner. »

1. « Barurac hirur asse. »

10. *Voisinage.*

Avec des ennuyeux s'il faut le partager,
Le meilleur des repas en chicotin se change.
Point ne faut regarder autant à ce qu'on mange
Qu'aux gens avec lesquels il nous faut le manger.

11. *Histoire abrégée de la table.*

Des services de table, amis, oyez l'histoire :
A tout autre besoin le gourmand étranger,
Mange au premier pour vivre, au second pour manger,
  Au dessert il mange pour boire [1].

12. *Pain et vin.*

Que j'aime cette vieille et rustique chanson,
Avec ses hiatus et son air sans façon :
    « *Qui a des pois et du pain d'orge,*
    « *Du lard et du vin pour sa gorge,*
    « *Qui a cinq sols et ne doit rien*
    « *Il se peut dire qu'il est bien.* »
Oui, c'est grand bien d'avoir toujours pain en la huche
Et toujours de vin frais dans sa cave une cruche.
« A qui mange, dit-on, volontiers son pain sec,
    « Point ne faut de ragoût avec [2].

1. Decourcelle, *Formules du Docteur Grégoire.*

2. Prov. espagnol : « Al que come bien al pan es pecado
darle ajo. »

Le mot est dur, je le confesse.
Ce n'est pas tout d'avoir des choux,
Il faut encore un peu de graisse,
Et le plus maigre des ragoûts
Trouve à contracter mariage
Avec une miche de pain [1].
Mais *pain et vin* d'abord..., avec eux on voyage
Sans souci, trouble ni chagrin,
Car pain et vin valent monture [2]
Et nous font faire le chemin
Mieux que cheval, âne ou voiture...
Ou, comme dit le Russe : « Homme ayant pain et vin
Trouve le paradis sous un sombre sapin. »

§ 2. GOUTTES.

13. *Vérité dans le vin.*

Le vin fait surnager l'esprit au cabaret [3],
Et chez quiconque a bu point il n'est de secret [4].
Tout ce qu'ils ont au cœur les buveurs le racontent ;
    Tiens-toi donc pour bien averti :
Lorsque le vin descend, les paroles remontent [5],

1. Prov. turc.
2. Prov. espagnol : « Pan y vino andan camino. »
3. Prov. allemand : « Trunkener Mund, redet aus Herzeusgrund. »
4. « Nullum secretum est ubi regnat ebrietas. » (Salomon, *Par.*, XXI-4.)
5. Prov. anglais : « Whas wine sinks words swin. »

Et quand il est entré, le secret est sorti.
Ou bien (car sur ce point on a dit tant de choses) :

    « *Ce que le sobre tient au cœur*

    « *Est sur la langue du buveur,*

    Car le vin va toujours sans chausses [1] ;

    Et c'est un fait incontesté

    Que *dans le vin la vérité* [2]

    Aime à faire de longues pauses.

Cette arche de Noé, de la vigne berceau,
De toutes les vertus fut aussi le refuge,
Tandis que, s'il faut croire au motif du déluge,

    Tous les méchants sont buveurs d'eau [3].

14. *Verre de vin.*

    « *Rouge le soir, blanc le matin,*

    « *Ravit le cœur du pèlerin,*

    Ce qu'au soleil plus d'un applique,

    Mais ce qu'en bonne rhétorique,

De Bacchus bien plutôt j'adapte au jus divin.

    Et c'est dans ce sens canonique

Qu'un proverbe connu nomme un verre de vin

    La chemise d'un capucin.

C'est la seule qu'il ait en effet sous sa cotte.

    Un autre proverbe ayant cours

---

1. Prov. espagnol : « El vino anda sin calças. »
2. « In vino veritas. »
3. Eschine, accusant Démosthènes de méchanceté, lui reprochait d'être *buveur d'eau*.

Dit que *verre de vin vaut habit de velours* [1].
Du vieux Noé ce fut autrefois la culotte
(Culotte qui cacha fort mal sa nudité,
    Soit dit en double parenthèse),
Mais cette exception ne détruit point ma thèse :
Le bonhomme avait bu, dans un jour de gaîté,
Plus d'un verre du jus par lui-même inventé.
Oublions cet écart, et concluons en somme,
    Pour dernier proverbe cité :
Qu'un *verre de* bon *vin avise bien un homme.*

    15. *Les vrais Sages de la Grèce* [2].

A ses ris ne pouvait mettre fin Démocrite
Tant qu'un vin guilleret humectait son gosier,
Et, pour sécher ses pleurs, son rival Héraclite
Larme à larme vidait sa bouteille en entier.
Pour respirer du vin l'odeur tout à son aise,
Diogène logeait dans le creux d'un tonneau,
Et lorsqu'il se jeta dans l'ardente fournaise,
Empédocle, dit-on, n'avait point bu de l'eau.
    Épicure à ses vains atomes
   · Préférait les légers aromes
Que dans l'air exhalait un cruchon de vin vieux.
    Suis donc, ami, l'antique usage

1. « Calida potio vestiarius est. » (Pétrone.)
2. Cette pièce est traduite du latin du chevalier de Mar-
vielles pseudonyme de Claude Marolles).
   Tunc vix Democritus poterat compescere risum.

Qu'illustrent ces noms glorieux,
Car si tout sage boit, quiconque boit est sage.

16. *Chagrin noyé.*

De noyer le chagrin chacun a sa manière :
    C'est en France dans la chanson,
    Chez les Anglais dans la rivière,
    Chez l'Allemand dans la boisson [1].

17. *Divination.*

Pour distinguer en nous l'or pur de l'alliage,
Le vin, creuset fidèle, est le meilleur devin.
De l'homme le miroir nous montre le visage,
Mais son cœur... on le voit seulement dans le vin [2].

18. *La Chasse au démon.*

(Chanson anglaise.)

« Bois, homme, et ne crains rien, dit le vieux Salomon,
« C'est là le seul moyen d'attraper le démon.
« Puisqu'on le voit partout chercher aride place,
« Humectons nos gosiers pour lui donner la chasse.

1. Prov. allemand un peu modifié :

> Die sorge verschlœfh der Wœlsche,
> Versingt der Franzos—Vertrinkt der Deutsche.

2. Prov. allemand : « Das Herz im Wein, die Gessalt im Spiegel. »

19. *Argent bien placé.*

Avares, quel plaisir, quel agrément vous offre
Un stérile monceau d'or inintelligent?
Il vaut bien mieux remplir sa cave que son coffre[1],
Et *qui l'emploie en vin place bien son argent.*
Qu'importe qu'après lui des héritiers avides
S'en retournent chez eux cœur trop plein et mains vides,
    Du moins, avant le jour fatal,
N'a-t-il pas eu le sort le plus digne d'envie
Et joui du plus beau revenu de la vie
    Tout en buvant son capital !

20. *L'Ivrogne.*

A tire-larigot[2] le vrai buveur doit boire,
Oui, boire (car c'est là son mérite et sa gloire)
Comme un chantre[3], un sonneur[4], un templier[5]... ou bien

1. Prov. chinois.
2. Plusieurs étymologies ont été données à ce mot; je me borne à citer celle de Rabelais, qui, si elle n'est pas la plus exacte, est du moins la plus originale : « Après la victoire de Vouillé, où périt Alaric II, les soldats de Clovis s'écriaient en buvant : *Je bé à ti, ré à Alaric, Goth.* Chez nos vieux auteurs, le mot *larigot* est employé pour désigner une sorte de flûte. Ronsard s'en est servi dans ce sens.
3.   Les gens de ce métier ont toujours la pépie.
                POISSON (*Com. de Crispin*).
4. Ou *saunier* marchand de sel), l'un et l'autre se disent.
5. Dans le *Mode de réception des chevaliers du Temple* se

Comme le Polonais [1], ou le musicien...
Dût-il, ce qui souvent en pareil cas arrive,
Y perdre sa boussole et, soûl comme une grive [2],
Γ essiner la *polka* si chère au dieu du vin
Εn traçant des *zigzags* tout le long du chemin.
Qu'a-t-il à redouter? Les gens à rouges trognes
Savent de tout péril se tirer triomphants;

    Car, ainsi que pour les enfants,
    Il est un Dieu pour les ivrognes.

§ 3. APPENDIX (CHANSONS ET COUPLETS DE TABLE).

21. *A ma bouteille.*

Air : *Salut, ô divine espérance.*

Salut, ô divine bouteille,
Toi dont la puissante liqueur
Nous donne une teinte vermeille,
Dissipe les chagrins du cœur.
Quand sur nos lèvres tu reposes,

trouvent ces mots : *bien boivre et bien mangier;* on pense
que la locution proverbiale vient de là.

1. Dans les élections de Pologne, on buvait force brocs,
et le plus fort buveur était souvent élu roi.

2. Les grives sauvages s'enivrent de raisin mur, et les
apprivoisées de vin pur. (Voir Linnée, *Fauna suesica*,
page 71.)

Tu fais le charme des repas.
Si l'épine croît près des roses,
Du moins le pampre n'en a pas.

Si par toi notre corps chancelle,
Par toi le cœur n'est pas atteint;
Toi seule nous restes fidèle
Lorsque chez nous l'amour s'éteint;
Et des hivers inexorables
Tu sais adoucir les frimats...
Si les enfers sont redoutables,
C'est que la vigne n'y croît pas.

22. Toujours boire.

Air : *Charmante Gabrielle.*

Confrères en bombance,
Amis du dieu du vin,
Dans ce lieu de plaisance
Restons jusqu'au matin.
Surtout faites-nous grâce
    Des longs discours,
Et, pour remplir l'espace,
    Buvons toujours.

Le lendemain se passe...
Déjà faut-il cesser?
Nouveau jour le remplace,
C'est à recommencer.

Heureux de cette roue
    Qui suit le cours...
Moi, jamais je n'échoue,
    Je bois toujours.

Chacun a sa folie,
Sa passion, son goût :
L'un veut fille jolie,
L'autre honneurs avant tout.
Un tiers à ne rien faire
    Passe ses jours...
A tout moi je préfère
    Boire toujours.

Imitez mon délire.
Nargue de la raison :
Quand le vin nous inspire,
Est-elle de saison ?
Moquons-nous de son zèle,
    De ses mamours...
De quoi se mêle-t-elle !
    Buvons toujours.

Si de mon existence
Je pouvais disposer,
En goguette, en bombance,
Je voudrais la passer,
Et, dans cette demeure
    Filant mes jours,
Jusqu'à ma dernière heure
    Boire toujours.

IMPROVISATIONS DE TABLE

23. *Refus de chanter.*

Pourquoi vouloir une chanson
Quand on débouche le *tonnerre?*
Qu'un luth soit aux mains d'Apollon,
Bacchus ne sait tenir qu'un verre.
Quand je vois le bouchon sauter,
Je n'ai ni verve, ni mémoire;
C'est perdre son temps que chanter,
Il vaut mieux le passer à boire.

24 *Dégustation d'un vin inconnu.*

Ce vin est-il franc? est-il bon?
C'est tout ce que je lui demande.
Eh! que m'importe à moi son nom
Qui souvent est de contrebande?
Bouteille qu'en mes doigts je tiens
Et que je caresse avec joie,
Je ne sais pas d'où tu me viens...
Mais je sais bien où je t'envoie.

———

ÉPILOGUE

Les conseilleurs, dit-on, ne sont pas les payeurs :
L'exemple en est en moi tout aussi bien qu'ailleurs.
Aujourd'hui, vieux, sans dents, réformé, pâle et blême,
Je donne des leçons qu'hélas! je ne suis pas,
Ainsi que le clairon appelant aux combats
  Sans jamais combattre lui-même.
N'importe... ces conseils sont autant de bienfaits,
Car le bonheur chez nous gît dans la gourmandise,
Et sans peur je répète avec les gens d'église :
« *Faites ce que je dis et non ce que je fais.* »
Peut-être, chers lecteurs, mon sermon peu vous touche :
« Ce n'est point en criant à toute heure : *Miel! miel!*
  « Que la douceur vient à la bouche [1]

1. Prov. turc.

« Et manger, dites-vous, voilà l'essentiel. »
Laissons donc de côté, puisque l'on m'y convie,
Ce livre où l'esprit seul, non le ventre, est en jeu.
Aussi bien à présent la table est desservie,
    Je n'ai plus qu'à vous dire adieu.

LIVRE DEUXIÈME

HISTORIETTES

GASTRONOMIQUES

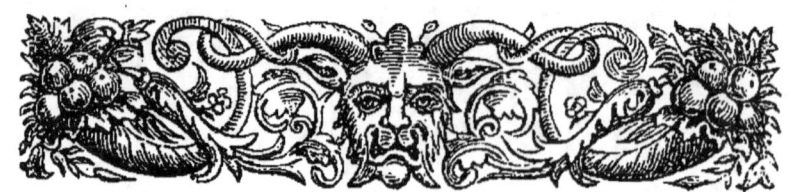

HISTORIETTES

GASTRONOMIQUES

———

1. *Tout entier.*

S'il n'eut comme écrivain qu'un nom assez petit,
Chez l'abbé Morellet vaste fut l'appétit.
Or un jour qu'il était d'un dîner confortable,
Un superbe faisan fut posé sur la table ;
Et tous, mais lui surtout, le dévoraient des yeux.
Pour que chaque convive eût sa part de la pièce,
Dans l'art de découper il fallait de l'adresse,
Et, jugeant que l'abbé s'en tirerait le mieux,
    Du logis l'aimable maîtresse
Dit : « Passez à Monsieur ce faisan. — *Tout entier !*
S'écrie en jubilant le gourmand émérite.

— Sans doute, » dit la dame un moment interdite,
Et, reprenant bientôt tout l'aplomb du métier,
« Mais *tout entier* il faut qu'il y passe d'emblée,
« Sans s'y prendre à deux fois, et tel que le voilà.
— Oui, *tout entier !*...» en chœur répéta l'assemblée.
Et l'abbé, que ce bruit nullement ne troubla,
Le prenant *tout entier*..., *tout entier* l'avala.

Tout entier !... les gourmands d'une voix unanime
Proclamèrent ce mot, si franchement jeté,
De la gastronomie être le cri sublime.....
    Et comme tel il est resté.

2. *Silence, Messieurs.*

Dans un repas, d'ailleurs fait avec goût et choix,
La conversation était fort animée,
Et, d'un verbe très-haut tous parlant à la fois,
    On eût cru de la renommée
    Entendre tonner les cent voix.

Alors un vieux gourmand, que tout ce bruit dérange,
S'écrie, en dévorant une aile de poulet :
    « Silence, messieurs, s'il vous plaît !
    « On n'entend pas ce que l'on mange. »

3. *Le Gourmand à vue basse.*

Un célèbre gourmand, dont basse était la vue,
Ne pouvait à son gré, lorsqu'en ville il dînait,

Passer tous les mets en revue.
Aussi, de crainte de bévue,
Son valet, bien dressé, partout l'accompagnait,
Et derrière lui se tenait
Pour s'occuper du soin de remplir son assiette.
Or, un jour, du dîner comme on était au bout,
Vers lui se retournant, d'une voix inquiète
Il lui dit vivement : « *Ai-je mangé de tout !* »
Voilà ce qui s'appelle une bonne fourchette,
Un homme qui connaît le prix de tout ragoût
Et n'en veut pas perdre une miette !

4. *Le Provincial à Paris.*

Un homme arrivé de province
Dans un équipage assez mince,
Mais garçon d'esprit, sur ma foi,
Venait, par faveur ou mérite,
D'obtenir à la cour un assez bel emploi.
« Que pensez-vous du néophyte ? »
Dit au comte de Maurepas
Un seigneur haut titré : « Moi, j'en fais peu de cas,
« Car, s'il faut que je vous le dise,
« Jamais il n'a mangé, tant est de pauvre lieu,
« Ni côtelette à la *Soubise*,
« Ni boudin à la *Richelieu.* »

5. *Le Gourmand en province.*

Un amateur de bonne chère

A Périgueux venait d'obtenir un emploi,
    Et ses amis, d'un cœur sincère,
Le félicitaient tous : « C'est fait exprès pour toi, »
Disaient-ils à l'envi : « les truffes les plus belles,
« Les ortolans dorés, les grasses bartavelles,
    « Chez toi vont pleuvoir chaque jour.. »
Mais lui, l'oreille basse et la mine altérée,
Leur répondit : « Peut-on vivre dans un séjour
    « Où n'arrive point la marée ? »

6. *La Bible en défaut.*

A festin sur lequel il avait trop compté
Un gourmand, par oubli, n'étant pas invité,
Pour s'étourdir, hélas ! sur sa mésaventure,
D'un psautier qui s'était sous sa main présenté,
    Voulut entamer la lecture :
« *Ouvrez la bouche grande et je la remplirai* »,
Fut le premier verset par ses yeux rencontré.
    A ces mots, émouvant sa bile,
Il rejette le livre, et s'écrie avec feu :
« Je ne le vois que trop, tout dans ce livre hébreu
    « N'est point parole d'évangile. »

7. *Le Prieur des Chartreux.*

Un prieur des chartreux, friand de bonne chère,
Se rendit, un jour maigre, accompagné d'un frère,
A quelque grand repas où certain mets vanté

Par tous les assistants était fort convoité.
En tâter du prieur eût fait très-bien l'affaire,
Et vers le plat choyé voilà qu'il tend le bras.
    Mais soudain l'arrêtant : « Mon Père »,
    Lui dit le frère-lai tout bas,
« J'ai vu le cuisinier l'assaisonner au gras
« Comme je traversais l'office culinaire.
    « Ne mangez donc pas de cela.
— Eh ! monsieur, qu'alliez-vous faire dans la cuisine ? »
Répondit le prieur en faisant sombre mine ;
    « Votre place n'était pas là. »

8. *Prompte Réponse.*

Chez madame Honesta, femme de qualité,
Un moine, homme d'esprit, à dîner invité,
S'offrit à découper deux perdreaux... L'étiquette
Voulait que sur le plat cette autopsie eût lieu ;
    Mais, sans façon, l'homme de Dieu
    Les mit tous deux sur son assiette.
« A qui destinez-vous vos restes, par hasard ? »
    Dit sèchement la douairière.
« Madame, » répliqua sur-le-champ le frocard,
    « Je compte bien ne pas en faire. »

9 *Naïve Réponse.*

« Lequel vaut mieux chanter ou danser ? » disait-on
    Un jour à certain gastronome,
    Digne émule du vieux Mormon.

« Mieux vaut manger, » répond notre homme.
Et ceci me rappelle un propos enfantin :
   « Quel est de ton père ou ta mère
   « Celui que ton âme préfère ? »
Disait un papa même à son jeune bambin.
   Assez sotte était la demande,
Mais l'enfance n'a point d'esprit de contrebande,
Et tout naïvement le gentil chérubin
   Répondit : « J'aime mieux la viande. »

10. Le petit Gourmand.

Vers la fin d'un repas pleurait un jeune enfant,
De ses larmes quelqu'un lui demanda la cause :
« Je ne peux plus manger, » dit-il en étouffant,
« Mon estomac est plein et refuse autre chose.
   — Eh bien ! » dit le voisin tout bas :
   « Puisqu'en défaut est ta bedaine,
« Remplis toute ta poche. — Hélas ! je ne puis pas, »
Répond encor l'enfant ; « ma poche est déjà pleine. »

11. La petite Friande.

   Des plaisirs de la gourmandise
   Et de ceux de la friandise
   A table on discourait un jour.
   Sur leur valeur chacun caquette,
   Les uns contre, les autres pour.
   Soudain une jeune fillette,
   Se redressant sur ses jarrets,

Répond, sans qu'on le lui demande :
« Moi, je préfère être friande,
« Car on a faim encore après. »

12 *Le Gastronome moribond.*

Tout prêt à fermer sa paupière,
Sur son lit se dressant d'un bond,
A Dieu faisait cette prière
Un gastronome moribond :
« O mon Dieu! s'il faut que je meure,
« Que ce soit après mon repas,
« Ou fais qu'arrive mon trépas
« D'un Lucullus en la demeure,
« Pour que me soient mets délicats
« Servis jusqu'à ma dernière heure.
« Mais si tu veux, dans ta bonté,
« Me rappeler à la santé,
« Pour que dans chaque ministère
« Je puisse trouver bonne chère,
« Fais qu'on m'élise député;
« Et, digne convive du centre,
« Seigneur, à la face du ciel
« Je prends l'engagement formel
« De ne pas dévier du ventre. »

13. *Pauvre Dîner!*

Contraint de régaler dans une circonstance,
Mais ne faisant servir qu'une maigre pitance,

Certain avare amphitryon
Dit à ses conviés : « Si la chère est petite,
« Elle est saine, et du moins elle aura le mérite
« De ne pas vous causer une indigestion.
— Pardon, » lui répondit aussitôt un convive
Qui n'avait point trouvé de quoi se restaurer :
« Pour de bons estomacs chère trop négative
   . « Est difficile à digérer. »

14. *Les deux Rivaux.*

Dans le Palais-Royal, installés côte à côte,
   Deux rivaux, *Véfour* et *Véry*,
De se jouer des tours ne se faisaient point faute.
   J'en connais un, et le voici :
   Un gastronome à large panse
Chez Véry fit un jour une forte dépense ;
   Mais, gastronome sans argent,
Quand vint de Rabelais à sonner le quart d'heure,
   Il voulut, d'un pas diligent,
   Éviter la mise en demeure.
Il atteignait déjà la porte...; le garçon,
Que venait d'avertir une glace indiscrète,
Ne perdant pas la carte en cette occasion,
Plus leste que notre homme, au passage l'arrête :
« Coquin, lui dit Véry, tu m'as fait un grand tort
« Avec ta bourse plate et ton appétit fort ;
   « Mais va, je suis bonne personne,
   « Et volontiers je te pardonne
   « Si tu me promets en ce jour

« D'en faire autant demain chez mon voisin Véfour,

   « — Hélas ! répond le pauvre hère,

« J'irais bien volontiers... mais hier, entre nous,

« Chez lui j'ai fait gratis une excellente chère,

« Et, pour prix du dîner, en digne et bon confrère,

« C'est *Véfour* qui m'a dit, monsieur, d'aller chez vous »

15. *La Soupe aux choux.*

Au théâtre on donnait *le Soldat laboureur*,

   Vrai chef-d'œuvre de chauvinisme,

   Et la pièce faisait fureur

Moins peut-être à raison de son *ratapoilisme*,

En ce temps beaucoup trop enraciné chez nous,

   Qu'à cause d'une soupe aux choux

Qu'en la pièce rustique on servait sur la table...

Et ce qui redoublait la curiosité,

C'est que la soupe était soupe aux choux véritable.

Avant de condescendre à cette nouveauté,

Le directeur avait très-longtemps hésité :

Il craignait que le mets n'exhalât dans la salle

   Une odeur de loge à portier

Et n'offusquât le nez du gandin dans sa stalle

   Et des caillettes du quartier

Dans leur claire avant-scène ou leur sombre baignoire.

Il en fut autrement... et c'est un fait notoire,

Qu'aussitôt la soupière apportée, à l'envi

   Les narines se dilatèrent,

   Toutes les bouches s'humectèrent,

   Et chaque spectateur, ravi,

Eût voulu sur la scène être acteur et convive,
Du réalisme tant l'impérieux pouvoir
Exerce sur nos sens une impression vive !
Le drame était mauvais ; chacun voulut le voir,
Et si complétement le feu prit à l'étoupe
Qu'aux ouvreuses de loges on demandait le soir,
Au lieu d'un petit banc, une assiette de soupe
Arrachée, à tous prix, au dîner de la troupe.
Ah ! c'est qu'en toute chose, en art comme en ragoût,
En science, en histoire, en liquide potable,
En politique même, ainsi qu'en soupe aux choux,
Rien n'est beau que le vrai, le vrai seul est aimable.

16. *Le Saucisson.*

Un riche amphitryon fit un jour sur sa table
    D'Arles servir un saucisson
A la taille héroïque, à l'odeur délectable,
    Et le présentant sans façon :
« Prenez-en un morceau, dit-il à sa voisine ;
    « C'est un meuble qui, j'imagine,
     « Annonce une bonne maison,
     « Et j'aime à vous en faire hommage.
— Il est vraiment très-gros et j'en augure bien, »
Répond en souriant la dame ; « c'est dommage
    « Que cela ne ressemble à rien[1]. »

1. Je rejette la responsabilité de ce conte sur l'aimable et joyeux Brillat-Savarin, à qui j'en ai emprunté plusieurs.
                       (*Note de l'auteur.*)

17. *Pain rassis.*

« Encor du pain rassis !... il m'est antipathique,
« Vous le savez, » disait Paul à son domestique.
« J'ai beau le répéter, c'est vous parler en vain.
— Dame, il faut bien, monsieur, que le pain se finisse,
« Car vous ne voulez point que l'on perde le pain...
« Et nous ne pouvons pas le manger à l'office. »

18. *Le Melon.*

D'un riche financier l'on servit sur la table
Un cantaloup de taille et forme respectable,
     Mais un peu pâle de couleur.
Lors un des assistants, l'approchant de sa bouche :
« Je ne m'étonne pas, dit-il, de sa pâleur,
     « Ce melon relève de couche. »

19. *Le Chevreuil maigre.*

Des promeneurs sur lui voulant attirer l'œil,
Un jeune mendiant à pâle et triste mine
     En laisse traînait un chevreuil
Aussi maigre que lui du corps et de l'échine.
     Certain gastronome passant
Parut le regarder d'un air compatissant.

« Le pauvre enfant émeut votre pitié, sans doute ? »
Lui dit quelqu'un par lui rencontré sur la route.
« Non pas ; ce n'est point lui dont l'aspect me fait mal, »
  Répond notre homme insatiable;
   « Ce qui m'émeut, c'est l'animal
« Si maigre et qui bientôt ne sera plus mangeable. »

20. *Les Asperges à la sauce.*

Un vieux garçon gourmand (ne sais comme il s'appelle;
Plus d'un dit toutefois que c'était *Fontenelle*)
D'asperges à la sauce allait se régaler,
Quand, pour dîner chez lui, tombe comme une tuile
Un ami qui n'aimait ce légume qu'à l'huile,
Pilule qu'il fallut sans se plaindre avaler :
Ce qu'on fit aussitôt en dédoublant la botte ;
  Mais, sur le point de s'attabler,
L'ami se trouve mal et par terre boulotte.
Ne perdant point la carte en cette occasion :
« Jeannette, » s'écria de sa voix la plus grosse
  Notre égoïste vieux garçon,
  « Qu'on mette le tout à la sauce. »

21. *La Sauce aux asperges.*

Quand Paris adopta le moderne éclairage
Dont l'éclat rivalise avec celui des cieux,
« De l'huile, disait-on, plus n'est à faire usage ;
  « Le gaz, ma foi! vaut beaucoup mieux. »

Et ce mot retentit jusque dans la province.
Or, à Paris alors vint un provincial
D'encolure très-lourde et d'esprit assez mince,
    Qui, dînant au Palais-Royal,
Demanda, certain jour, des asperges. « A l'huile ? »
Répondit le garçon. — « Eh ! non, méchant morveux,
    « Me prends-tu pour un imbécile ?
    « C'est au gaz seul que je les veux. »

22. *Le Plat d'épinards.*

Le roi Louis Dix-Huit était fin gastronome,
De plus très-grand mangeur et gourmand Dieu sait comme.
Mais il avait ses plats de prédilection :
Les épinards surtout étaient sa passion ;
Il en mangeait au gras, il en mangeait au beurre,
Il en aurait mangé tous les jours, à toute heure.
Mais l'épinard est lourd, et le docteur Portal,
Craignant avec raison pour l'estomac royal,
D'en servir sur sa table un jour fit la défense.
Le roi n'en voyant pas, des ordres du docteur,
Indocile malade, il s'indigne et s'offense :
« Qu'on en aille chercher, dit-il, chez un traiteur ;
« J'en veux coûte que coûte... » Hélas ! folle espérance !
Le maître-queux en vain courut de toutes parts.
Alors, tout hors de lui, roulant des yeux hagards,
Il s'écrie en jurant : « Quoi ! je suis roi de France
« Et je ne pourrai pas manger des épinards !... »
A ces mots, dont l'effet ne saurait se décrire,
Chacun baisse le nez... seuls, les gardes du corps,

Qui du salon royal se tenaient au dehors,
Partent à l'unisson d'un vaste éclat de rire.
Aussi, pour les punir de ces ris indiscrets,
Le poste entier fut mis huit jours pleins aux arrêts.
Mais l'histoire, sujette à mainte défaillance,
Ne dit pas (et vraiment c'est un manque d'égards)
Si justice fut faite, et si le roi de France
Put enfin, ce jour-là, manger des épinards.

23. *Le Raisin.*

Un maître de maison offrait à son voisin
Comme fruit de son cru du jaune et gros raisin
Auquel maître renard avait rendu visite.
    « Il n'en est pas d'un goût plus fin, »
Disait-il ; « sa couleur à le goûter invite ;
    « C'est tout jus et point de pépin. »
Mais l'autre répondit : « Excusez mes scrupules ;
    « Je suis grand amateur de vin,
    « Mais n'en use point en pilules. »

24. *Dîner sans boire.*

Un maître de maison, dit une vieille histoire,
Avait à tous ses gens donné l'ordre secret
    De ne jamais servir à boire
    Que quand on le demanderait.
Or, un convive, un jour, trop fier ou trop timide,
En attendant qu'on vînt remplir son verre vide,

Mangeait avidement de tout
Sans pouvoir humecter sa langue.
De patience enfin notre homme étant à bout
Mande un palefrenier et, pour toute harangue,
    Dit : « Que fais-tu de tes chevaux
« Lorsqu'ils ont tout mangé jusques à la litière ?
    « — Parbleu ! je monte sur leur dos
    « Et les conduis à la rivière.
    « — Monte donc alors sur le mien
    « Et mène-moi boire au plus vite ;
« Et que l'amphitryon qui, pour n'y boire rien,
    « A sa table ici nous invite,
    « Crève un jour de soif comme un chien :
    « Il n'aura que ce qu'il mérite. »

25. Bourgogne et Bordeaux.

« Monsieur le conseiller, expert en gourmandise, »
Disait un jour à table une vieille marquise,
« Lequel préférez-vous… ou bourgogne ou bordeaux ?
« La question vous est en référé soumise.
« Ne nous renvoyez pas, de grâce, dos à dos. »
Alors le magistrat, redressant sa bedaine :
« Les pièces du procès ont pour moi tant d'attraits
    « Que, chaque jour de la semaine,
« Je les relis, madame, et toujours à huitaine
    « J'ajourne à prononcer l'arrêt. »

26. *La Provision du couvent.*

Sortant de visiter les caves du couvent,
Sur la dialectique un abbé très-savant
A ses moines, un jour, dit en plein réfectoire :
« Pour servir à l'autel nous avons trop de vin,
« Trop peu pour faire aller plus d'une heure au moulin,
« Et de là je conclus, frères, qu'il faut le boire. »
On devine aisément qu'à l'unanimité,
Aux applaudissements du dévot auditoire,
  Le sage avis fut adopté,
  Et de plus, ajoute l'histoire,
  A l'instant même exécuté.

27. *Mirabeau-Tonneau.*

Non le grand orateur, mais l'autre Mirabeau,
Que sa rotondité fit surnommer *Tonneau*,
Mande un jour près de lui son serviteur fidèle :
« Je connais, lui dit-il, ton mérite et ton zèle,
« Je t'aime..., et je te chasse.— Eh ! mon maître, pourquoi ?
« — Tu te grises, coquin, les mêmes jours que moi.
« — C'est vrai, répond le fat, tenant sa tête haute,
  « Mais, monseigneur, est-ce ma faute
  « Si vous vous grisez tous les jours ? »
A pareil argument point n'était de réplique :
Mirabeau, tout confus, garda son domestique,

Et de concert tous deux se grisèrent toujours
En ce bon temps de république.

28. *Les Yeux malades.*

Des yeux malade, un pauvre hère
Fut consulter un médecin.
« Pour me guérir, que faut-il faire ?
«   Il faut ne plus boire de vin.
« — Cela vous est facile à dire
« Et vous voulez sans doute rire, »
Répond le brave villageois.
« Malgré ma vue assez maussade,
« Entre deux flacons je vous vois
« Vous versant plus d'une rasade,
« Et, comme moi des yeux malade,
« Vous aimez à vous bien nourrir.
« — C'est très-vrai, mais moi, camarade,
« J'aime mieux boire que guérir. »

29 *Le Proverbe démenti.*

Quelqu'un disait à Jean, qui constamment se grise :
« *Tant va la cruche à l'eau qu'enfin elle se brise.*
« — A moi, répliqua-t-il, ce mot s'adresse en vain,
« Car ma cruche, mon cher, ne va jamais qu'au vin. »

30. *Serment d'ivrogne.*

(Conte-Proverbe.)

Serment d'amour, serment d'ivrogne,
Autant en emporte le vent,
L'homme propose et dit : « Je veux, » mais bien souvent
En sens contraire *Dieu dispose* la besogne.
    Un ivrogne haïssait l'eau
A l'égal du poison ou du sang de vipère ;
De l'eau le seul aspect le mettait en colère,
Et souvent il jurait qu'en l'infernal caveau
    Il irait rejoindre son père
Sans boire d'autre jus que celui du tonneau,
Sans que jamais baiser de sa vineuse bouche
Ne troublât la naïade en son humide couche.
Mais connaît-on la fin que nous garde le sort ?
Une fontaine, un soir, se rencontre en sa route
(Plus qu'à son ordinaire il avait bu sans doute) :
Tombé dans le bassin, il y trouve la mort ;
Et ce fut en mourant le comble de sa peine
De sentir que dans l'onde il avait son tombeau[1].
    Il ne faut pas dire : « Fontaine,
    « Je ne boirai pas de ton eau. »

---

1.   Come veleno e sangue viperino
    L'acqua fuggia, quanto fuggir si puote ;
    Or quivi muore, e quel che più l'annoia
    El sentir che nell' acqua sene muoia.

                        ARIOSTE.

31. *Le Convive pressé.*

L'abbé de Boisrobert était un gastronome
Qui courait volontiers après les bons repas.
Or, un jour qu'au festin il marchait à grands pas,
On le fit appeler pour confesser un homme
Qui se trouvait, dit-on, à toute extrémité.
Notre abbé, quoiqu'il fût un peu désappointé,
Sans murmurer pourtant s'approche du malade ;
Puis, dès le premier mot, sans l'avoir écouté,
Pour toute instruction il lui dit : « Camarade,
« Pense au Seigneur et dis ton *benedicite*. »
    Et là-dessus l'abbé s'évade
    Et s'enfuit comme un dératé.

32. *L'Ivrogne à l'agonie.*

Grégoire, maître ivrogne, étant à l'agonie,
Son curé vint lui dire : « A Dieu confesse-toi,
« Car de péchés ou gros ou menus, à part moi
« Je pense que ta poche est amplement garnie.
« — Je n'ai fait aucun mal, » répond l'autre, « sinon
« D'avoir bu quelquefois vin qui n'était pas bon.
    « Voilà tous mes péchés, mon père, »
Ajoute le manant, « et c'est d'un cœur sincère
    « Qu'à Dieu j'en demande pardon. »

33. Le Tonnerre.

Desbarreaux, qu'un sonnet enfant de sa vieillesse
A mis en bonne place au Parnasse chrétien,
    Était, au temps de sa jeunesse,
    Ce qu'on appelle un franc vaurien.
Avec quelques amis tout autant que lui-même
Mauvais observateurs du maigre et du carême,
Au cabaret un jour il s'était attablé,
Quand tout à coup, parti de la céleste sphère,
    Un violent coup de tonnerre
Vint de ses compagnons frapper l'esprit troublé.
Par la fenêtre alors, lui, jetant son assiette :
« Sois satisfait, grand Dieu ! » dit-il d'une voix nette ;
    « Mais si de ton divin pétard
    « J'ai su comprendre le langage,
    « C'est pour une omelette au lard
    « Faire, ma foi, bien du tapage. »

34. Dîner d'Auvergnats.

Un rustique habitant de Clermont ou Saint-Flour,
D'autres disent d'Ambert, racontait certain jour
Un repas qu'entre amis on avait fait la veille.
Soupe aux raves, millard, gigot sortant du four,
Fourme de plus d'un mois et pompe aux fruits du jour,
Mais surtout d'un vin plat mainte large bouteille,
    Formaient le menu du festin,

Qu'assaisonnaient d'ailleurs force éclats d'un gros rire,
 Chants grivois qu'on ne peut redire
 Et plus d'un propos libertin.
 « Oh! fit notre homme, sur mon âme,
« Je n'ai jamais, je crois, fait plus joyeux repas.
 « Point n'étions d'hommes ni de femmes,
 « Nous n'étions que des Auvergnats. »

35. *Pari d'une dinde truffée.*

Ne sais pour quel motif, certain jour, Rossini
D'une dinde truffée avait fait le pari ;
 Il le gagna... Son adversaire
Point ne s'exécutait. Ce n'était point l'affaire
De l'illustre gourmand : — « A quand donc le dindon ? »
Dit-il, le rencontrant un soir dans un salon.
« — Les truffes, mon ami, ne sont pas encor bonnes, »
Répondit le perdant que ce rappel troubla.
« — Bah! fit le maëstro, *mio caro*, tu m'étonnes ;
« Sans doute les dindons font courir ce bruit-là. »

36. *Résultat d'un pari.*

Un lord, moins amateur de courses de chevaux
Et des combats de coqs, d'hommes ou de taureaux,
Que des paris auxquels ils donnent ouverture,
Avait un jour pris part à certaine gageure
 Entre deux célèbres gloutons.

Mais à l'assaut n'ayant pu lui-même paraître,
 Ce fut un de ses factotons
 Qui lui fit en ces mots connaître
Du combat engagé le résultat final :
 « Monseigneur, celui des deux hommes
« Que vous aviez jugé comme étant sans égal
« Dans la lutte, en effet, a vaincu son rival
« D'un gros cochon de lait et d'une tarte aux pommes.»

37. *Le Cuisinier du duc de Milan.*

(Tiré des *Facéties* de Pogge.)

Certain duc de Milan, en guerre avec Florence
Et de s'en emparer perdant toute espérance,
Vint de goûts et d'humeur tellement à changer
Que presque il en perdit le boire et le manger.
Aussi, quoique gourmand, trouvait-il détestable,
 Du premier jusques au dernier,
Tout mets, plat ou ragout qu'on servait sur sa table,
Quoiqu'il eût cependant un très-bon cuisinier
 Qu'il avait fait instruire en France.
Le maître-queux, enfin las de la remontrance
Qu'il lui fallait alors chaque jour endurer,
 Lui dit avec ferme assurance :
 « Veuillez en vous-même rentrer ;
« Ce ne sont point mes plats, monseigneur, c'est Florence
 « Que vous ne pouvez digérer. »
Quoi qu'il eût sur le cœur, le duc se mit à rire,

Et ce fut un bon mot qui mit fin à son ire
Et le fit amplement à table manœuvrer.

38. *Harangue militaire.*

(Tirée des *Facéties* de Pogge.)

Le cardinal d'Espagne, armé de pied en cape
(Car les prêtres alors commandaient aux soldats),
Pour exciter les siens à la cause du pape,
    Au moment d'en venir aux bras,
    Leur tint ces paroles étranges :
« Ceux qui dans la bataille, amis, succomberont,
    « Aujourd'hui même dîneront
    « Avec le Seigneur et les anges.
« — Très-bien, dit un loustic ; mais que ne venez-vous
    « Ce soir, monseigneur, avec nous
    « Dîner en la sainte demeure?
« — Oh ! moi, c'est différent, fit le prélat romain :
    « De mon repas ce n'est point l'heure
    « Et je n'ai pas encore faim. »

39. *Mot d'Érasme.*

Au sage et docte Érasme un dévot, d'un ton aigre,
Reprochait ses oublis et du jeûne et du maigre :
    « Hélas! » répond le pénitent
    Avec un sourire caustique,
    « Chez moi le cœur est catholique,
    « Mais l'estomac est protestant. »

40. *Le Vin ministériel.*

Le vin nous rend l'humeur plus douce et plus facile.
    Walpole, ce ministre habile
Qui sut, par son esprit et sa dextérité,
Aux chambres s'assurer de la majorité,
Lorsqu'en plein Parlement il entrait en campagne,
    A ses plus splendides festins
D'ordinaire invitait les membres incertains
Et leur faisait sabler à pleins brocs le champagne.
« C'est trop, lui dit quelqu'un, arroser leur gosier.
« — Non, répondit l'adroit et rusé personnage.
« Pour le rendre flexible, avant d'en faire usage,
« Le bon vannier dans l'eau met sa botte d'osier. »

41. *Triple calembour.*

Dans un repas de corps, un certain hobereau
De nos lois demandait quelle était la meilleure.
« La meilleure des lois ! » lui répondit sur l'heure
Un vieux gourmand, « ici, mon cher, c'est l'*aloyau.*
« — Un calembour ! » reprit un gourmet formaliste,
« Fi donc !... Votre aloyau n'est pas un morceau fin.
« — C'est selon l'appétit, » fit le calembouriste,
« En toute chose il faut considérer la *fin.*
« — Encore un !... c'est trop fort ; parlez-nous d'autres choses
« La faim !... triste ragoût et bon pour un vilain.

« — La faim !… mais c'est, mon cher, la meilleure des sauces,
« Et tout bon repas doit *commencer par la faim*. »

42. *Conte-Proverbe*.

On dit que *tout fromage est sain*
Alors qu'il vient de chiche main,
Car alors jamais il ne cause
De trouble et d'embarras… Parbleu ! je le crois bien.
Un avare jamais ne donne à forte dose,
Et plus souvent encor même il ne donne rien.
Or ceci me rappelle un naïf entretien
   Qui très-bien explique la chose,
Et que j'ai recueilli dans le pays lorrain :
   « Prête-moi donc un peu, vilain
   « (Cela jamais ne se refuse),
   « Ton lard pour en frotter mon pain ?
   « — Nenni, mon bonhomme, ça s'use. »

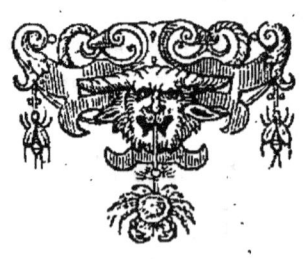

APPENDICE

APPENDICE

AVANTAGES DE LA BONNE CHÈRE

SUR LES FEMMES.

DISCOURS D'UN VRAI GOURMAND

Par Grimod de la Reynière.

POSONS les principes : vous conviendrez d'abord, messieurs, que les plaisirs que procure la bonne chère sont ceux que l'on connaît le plus tôt, qu'on quitte le plus souvent. Or, pourriez-vous en dire autant des autres?

Est-il une femme, tant jolie que vous la supposiez, eût-elle la tête de Mme Récamier, le port de

Mlle Georges Weimer, les grâces enchanteresses de
Mme Henry Belmont, l'éclat et l'appétissant embonpoint de Mlle Émélie Contat, la bouche et le sourire
de Mlle Arsène, etc., qui puisse valoir ces admirables
perdrix de Cahors, du Languedoc et des Cévennes,
dont le fumet divin l'emporte sur tous les parfums de
l'Arabie? La mettrez-vous en parallèle avec ces pâtés
de foies d'oies ou de canards auxquels les villes de
Strasbourg, de Toulouse et d'Auch doivent la meilleure partie de leur célébrité? Qu'est-elle donc auprès de ces langues fourrées de Troyes, de ces morta-
delles de Lyon, de ce fromage d'Italie de Paris et
de ces saucissons d'Arles ou de Bourgogne, qui ont
acquis tant de gloire à la personne du cochon? Pouvez-vous mettre un joli petit minois bien fardé, bien
grimacier, à côté de ces admirables moutons de
pré salé, de Cabourg, des Vosges ou des Ardennes,
qui, en fondant sous la dent, deviennent un manger
délectable? Qui osera la comparer à ces indicibles
veaux de rivière, de Pontoise ou de Rouen, dont la
blancheur et la tendreté feraient rougir les grâces
elles-mêmes? Quel est le gourmand assez dépravé
pour préférer une beauté maigre et chétive à ces
énormes et succulents aloyaux de la Limagne et du
Cotentin, qui inondent celui qui les dépèce, et font
tomber en pâmoison ceux qui les mangent? Rôtis in-
comparables! c'est dans vos vastes flancs, sources
de tous les principes vitaux et des vraies sensations,
que le gourmand va puiser son existence, le musicien
son talent, l'amant sa tendresse, et le poëte son génie
créateur! Quel rapport pouvez-vous établir entre

cette figure piquante, mais chiffonnée, et ces poulardes de Bresse, ces chapons de La Flèche et du Mans, ces coqs vierges du pays de Caux, dont la finesse, la beauté, la succulence et l'embonpoint exaltent tous les sens à la fois et délectent merveilleusement les houppes nerveuses et sensitives de tout palais délicat ? Et dans mes arguments, remarquez, messieurs, que je ne comprends même pas les pâtés de mauviettes de Pithiviers, ceux de canards d'Amiens, ceux de guignards de Chartres, les rouges-gorges de Metz, les perdrix du Cachaix, les oies d'Alençon, les langues fourrées de Constantinople, le bœuf fumé de Hambourg, le cabillaud d'Ostende, les huîtres de Marennes, de Dieppe, de Cancale et d'Étretat ; que je ne parle point du beurre de Bretagne, d'Isigny ou de la Prévalaye, ni de la délicieuse crème de Sotteville ; que, renonçant même aux armes que je pourrais puiser dans des arguments plus doux et plus sacrés, je passe sous silence les noix confites et la gelée de pommes de Rouen, les pruneaux de Tours, les poires de Rousselet et tapées, le pain d'épice et les nonettes de Reims, les mirabelles de Metz, les groseilles de Bar, le cotignac d'Orléans, l'épine-vinette de Dijon, les poules de Roquevaire, les raisins de Malaga, les figues fines d'Ollioules, les prunes tapées de Brignoles, les raisins muscats de Pézénas, les prunes du roi et la fleur d'orange pralinée d'Agen, les dragées et les pastilles à la rose et à la vanille de Montpellier, les pâtés de pommes et d'abricots de Clermont, les confitures sèches de Beaucaire et de Béziers, etc. Ce que je ne vous cite pas même, renonçant aux forces qu'ils pourraient me fournir dans cette discussion, l'anisette de Bordeaux, l'eau-de-vie d'Andaye ou de Dantzick, l'eau de noyau de Strasbourg, l'huile d'anis et le kirsch-wasser de Verdun, la crème de moka de Montpellier, l'eau de Colladon de Genève, l'huile de rose de Cette, l'huile de jasmin de Mardrille (la meilleure de toutes les liqueurs indigènes), le ratafia de cerises de Louvres ou de Grenoble, l'eau de la côte Saint-André, la crème d'Arabie, les sirops Tanrade, enfin le baume humain, la crème de menthe, le bois d'Inde et les autres liqueurs de la Martinique. Sachez-moi donc gré, messieurs, de mon silence, et voyez si vous pouvez établir quelque comparaison entre ces comestibles, ces boissons délectables, et les caprices d'une femme, ses humeurs, ses bouderies et, osons toucher le mot, ses fugitives faveurs ! Figurez-vous les mets que j'ai nommés d'abord, préparés par les cuisiniers de la nouvelle France, torréfiés par des rôtisseurs de Vargue, dépecés par des sommeliers d'Allemagne, et puis soutenez encore votre opinion !

Résumons-nous donc, et convenez que les jouissances de la bonne chère pour un riche gourmand doivent être mises au premier rang ; que, bien autrement prolongées que celles qu'on goûte dans l'infraction du sixième commandement de Dieu, elles n'amènent ni langueurs, ni dégoûts, ni craintes, ni remords ; que la source s'en renouvelle sans cesse, sans jamais se tarir ; que loin d'énerver le tempérament ou d'affaiblir le cerveau, elles deviennent l'heureux principe d'une santé ferme, des idées brillantes et des plus vi-

goureuses sensations. Aussi, loin d'enfanter les regrets, de disposer à l'hypocondrie, et de finir par
rendre un homme insupportable à lui-même, et trop
souvent aux autres, on leur doit au contraire cette
face de jubilation, le cachet distinctif de tous les enfants de Comus, bien différente de ce visage pâle et
blême, le masque ordinaire des amoureux transis.

Tel fut le discours de notre gourmand. Nous igno-
rons s'il ramena tout le monde à son avis; mais ce
que nous savons positivement, c'est que le lendemain
l'on compta dans cette société plus d'une *Ariane*, et
cinq ou six *indigestions*

FIN

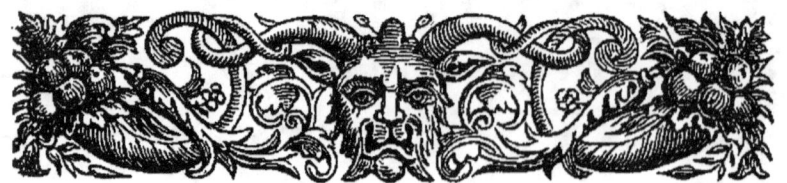

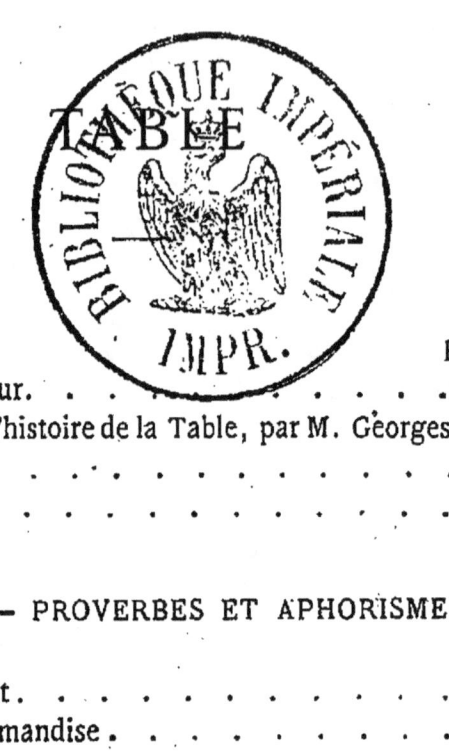

Chapitre II.

CHAPITRE III.

CHAPITRE IV.

CHAPITRE V.

LIVRE II. — HISTORIETTES GASTRONOMIQUES.

APPENDICE.

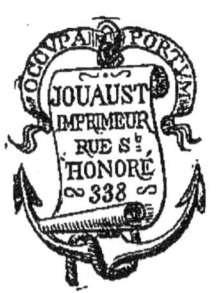

JOUAUST
IMPRIMEUR
RUE St
HONORÉ
338

EN VENTE

CHANTS ET CHANSONS, poésies diverses, par Émile Morisset. *Paris*, 1868. In-12. (Papier vélin.)   3 »

COTILLON III. Jeanne Béqus, comtesse du Barry. Amours, — règne, — intrigues, — dépenses. — Procès et supplice de la dernière maîtresse de Louis XV (par Georges d'Heylli). — Imprimé à Cotillonville, l'an des Grâces 1867. In-12, tirage à quarante exemplaires sur papier de Hollande. 10 »

Le même, papier de Chine.   15 »

Le même, papier ordinaire.   3 »

DICTIONNAIRE DES PSEUDONYMES, où sont divulgés et rétablis les noms inventés, tronqués, travestis, arrangés ou dérangés, par Georges d'Heylli. *Paris*, 1868. In-18 (papier de Hollande), première édition.   5 »

Le même, 2e édition, très-augmentée. Un fort volume de 500 pages, avec fleurons et caractères elzéviriens.   6 »

Le même, sur papier de Hollande (épuisé). 18 »

DICTIONNAIRE étymologique, historique et anecdotique des Proverbes et des Locutions proverbiales de la langue française, par Quitard. *Paris, Bertrand*, 1842. Un gros vol. in-8° de près de 700 pages. 5 »

JOURNAL DU BARON DE GAUVILLE, député de l'ordre et de la noblesse aux États-Généraux, depuis

le 4 mars 1789 jusqu'au 1ᵉʳ juillet 1790, publié
pour la première fois. *Paris, J. Gay,* 1864. (Papier
de Hollande.)   2   »

LE FOND DU SAC, ou Recueil de contes en vers
et en prose et de pièces fugitives. *Paris, Leclère,*
1866. In-8°, broché dans son carton, sur papier
vergé.   ·   _   20   »

> Édition contenant le conte *Point de lendemain*. Nom-
> breuses figures.

LE TRAICTÉ DE PEYNE. Poëme allégorique dé-
dié à Monseigneur et à Madame de Lorrayne, d'après
un manuscrit inédit du XVIᵉ siècle; publié par
M. *Eugène Paillet*. De l'imprimerie de Jouaust, 1867.
In-12. Tiré à 100 exemplaires sur papier What-
man.   5   »

  15 sur papier de Chine.   10   »

LES AMOURS DU CHEVALIER DE FOSSEUSE,
par Jules Janin. *Paris,* 1867. In-12. (Papier vélin.)   1 50

LES AUTOGRAPHES, en France et à l'étranger.
Portraits, — caractères, — anecdotes, — curiosités, par M. de Lescure. Ouvrage contenant la bi-
bliographie analytique et critique des traités sur les
autographes, des catalogues de vente et des recueils
de fac-simile français et étrangers. *Paris, Jules Gay,*
1865. In-8°.   5   »

LES FILS DE LEURS ŒUVRES, où sont indiquées
les origines de quelques illustres personnages de ce
temps, par Georges d'Heylli. *Paris,* 1868. In-18.
(Papier de Hollande.)   2   »

LES PSEUDONYMES DU JOUR, par Charles Jo-
liet. *Paris,* 1867. In-12. (Papier vergé.)   3   »

LES SAUTERELLES, de Jean de Saintonge, publié
par *André Lemoyne. Paris,* 1863. In-18. (Papier vélin.)   2   »

LES SOUFFRANCES DU JEUNE WERTHER, par
Gœthe, traduction du comte Henri de Labédoyère.
Paris, Didot, 1809. In-8°, avec trois jolies figures
de Moreau.   3   »

L'ODIEUSE PROFANATION faicte des cercueils royaux de l'abbaye Sainct-Denys, en l'année M.DCC XCIII, publiée par Georges d'Heylli. Imprimé à Lutece, près la bonne ville de Sainct-denys en l'Isle de France, l'an de Grâce 1868. In-12, tirage avec ce titre spécial pour trente enragés bibliophiles :

20 Exemplaires sur papier de Hollande.   10   »
10   —   sur papier de Chine.   15   »
Le même, sur papier ordinaire.   3   »

MALADIE ET MORT de Louis XV. Relation par Georges d'Heilly. *Paris*, 1866. In-18. (Papier de Hollande.)   2 50

MARIE-ANTOINETTE à la Conciergerie, du 1er août au 16 octobre 1793 ; pièces originales conservées aux Archives de l'empire, suivies de notes historiques et du procès imprimé de la reine, par Émile Campardon. *Paris, J. Gay*, 1864. In-12. 3   »

MORTS ROYALES (Catherine II, les Napoléons, Louis XIV, Paul Ier, etc.), par Georges d'Heylli. Un vol. in-18 (de l'imprimerie de Jouaust), sur papier de Hollande (épuisé).   15   »
Le même, sur papier ordinaire.   3   »

MÉMOIRES SECRETS sur le règne de Louis XIV, la Régence et le règne de Louis XV, par Duclos. *Paris, Gay*, 1864. Deux vol. Grand in-8°. (Papier de Hollande, numérotés.)   15   »
Le même, deux vol., in-12.   6   »

NOTES HISTORIQUES sur la vie de Molière, par A. Bazin. *Paris, Techener,* 1851. In-12.   2   »

ŒUVRES POÉTIQUES de Jean Bastier de la Péruse, Angoumoisin. 1529-1554. Nouvelle édition publiée par *E. Gelliberi des Séguins* De l'imprimerie de Jouaust, 1867. In-8°. (Papier vélin de Hollande.) Tirage à 100 exemplaires.   25   »

ŒUVRES INÉDITES de Piron (prose et vers), accompagnées de lettres également inédites adressées à Piron par MMlles Quinault et de Bar, publiées sur les manuscrits autographes originaux, avec une introduction et des notes, par H. Bonhomme. Édition ornée de trois fac-simile *Paris, Poulet-Malassis et de Broise*, 1859. In-8º. (Papier vélin.)   4 »

PLAISANTES RECHERCHES d'un homme grave sur un farceur, ou Prologue Tabarinique, pour servir à l'histoire littéraire et bouffonne de Tabarin, par C. Leber. *Paris, Techener*, 1856. In-12, papier vergé, figures.   4 »

PRÉFACE DU CATALOGUE de la bibliothèque Mazarine, rédigée en 1751, par le bibliothécaire P. Desmarais, docteur de Sorbonne, publiée par *Alfred Franklin*. *Paris*, 1867. In-18. ¡Papier de Hollande.)   1 50

PRÉDICATORIANA, ou Révélations singulières et amusantes sur les prédicateurs; entremêlées d'extraits piquants des sermons bizarres, burlesques et facétieux, prêchés tant en France qu'à l'étranger, notamment dans les XVe, XVIe et XVIIe siècles suivies de quelques mélanges curieux, avec notes et tables, par G. P. Philomneste.(*Gabriel Peignot, Dijon*), 1841. In-8º.   6 »

UNE QUESTION HISTORIQUE. 1720-1868. Dissertation historique sur la viande de cheval. In-18, par l'abbé Valentin Dufour. *Paris*, 1868. (Papier de Hollande.)   3 »

VOYAGE de Paris à Saint-Cloud par mer, et retour de Saint-Cloud à Paris par terre ; revu sur l'édition originale et publié en 1865 par *Maillet*. Tirage à 450 exemplaires. (Papier de Hollande.) Avec cartes.   3 »

VOYAGE de Piron à Beaune, seule relation complète, et en partie inédite, accompagnée pour la première fois de toutes les pièces accessoires, publiée par *H. Bonhomme*. *Paris*, 1863. (Papier vélin.)   2 »

CIRCÉ, de Jules Janin. *Paris*, 1867. In-12. (Papier vélin d'Angoulême.) Tiré à 32 exemplaires avec doubles portraits.   4 »

CLAUDE LE PETIT, sa fin tragique en place de

Grève à Paris, et ses ouvrages, par Edouard Tricotel. *Paris*, 1863. Brochure in-8º. 1 50

DICTIONNAIRE topographique et historique de l'ancien Paris, avant l'annexion, par F. Lock. *Paris*. In-12. (Avec planches.) 2 »

ÉLÉMENTS DE MORALE, rédigés d'une manière simple, claire et proportionnée à l'intelligence des enfants, par M. G. Peignot. 3e édition, suivie d'opuscules moraux de B. Franklin. *Dijon, Lagier*, 1838. In-18. 2 »

FABLES DE FLORIAN, nouvelle édition. *Paris*, *Nepveu*, 1821. In-12. (Papier vélin.) 1 »

HISTOIRE de Jane Grey, par J. M. Dargaud. *Paris, Hachette*, 1863. In-8º. 3 »

J'AIME LES MORTS, par Arthur de Gravillon. *Lyon*, de l'imprimerie de *Perrin*, 1861. In-8º. (Papier teinté.) 4 »

LA CHÉZONOMIE, ou l'Art de ch....., poëme didactique en quatre chants, par Ch. R... *A Scoropolis*, 1806. In-12, broché. 4 50

LA BIBLIOTHÈQUE d'un médecin au commencement du XVe siècle, par Achille Chereau. *Paris*, 1864. Brochure in-8º. 1 50

L'AMI des jeunes demoiselles, suivi d'une épître aux célibataires, par M. Didot. *Paris, Didot*, 1789. In-18. (Papier de Hollande.) 3 »

LA FRANCE TRAVESTIE, carte drolatique et mnémonique reproduisant en vers burlesques la nomenclature exacte et complète des quatre-vingt-douze départements de France et d'Algérie, par A. Ed-Azamed. *Paris*, 1863. Figures. In-12. (Papier de Hollande.) 3 »

LA PETITE REVUE, curiosité anecdotique, publiée par Lorédan Larchey. *Paris, René Pincebourde*, du 14 novembre 1863, au 10 novembre 1866. Douze vol, in-8º. (Quelques collections complètes.) 16 »

L'AMI D'ANACRÉON, ou Choix de chansons, par E. T. Simon (de Troyes), orné d'une gravure. *Paris Johanneau*, 1804. In-12. 2 »

LES CARROSSES à cinq sols, ou les Omnibus du XVIIe siècle. Paris, de l'imprimerie de F. Didot, 1828. In-12.   2 »

LES DERNIÈRES OBSERVATIONS relatives au cœur de saint Louis, trouvé dans la Sainte-Chapelle, par Berger de Xivray. Paris, 1844. Brochure in-8°.   1 50

LES AMOURS DE HENRY IV, par Lescure; édition ornée de huit portraits sur Chine et papier blanc. Paris, 1864. In-12. Tirage à 80 exemplaires, sur grand-jésus vélin d'Angoulême.   5 »

LES AMOURS DE FRANÇOIS Ier, par M. Lescure, avec un double portrait de Hillemacher. Paris, 865. In-12. Tirage à 40 exemplaires sur beau jésus vélin.   5 »

LORD BYRON. Histoire d'un homme, 1788-1824, par de Lescure, avec une double eau-forte de Staal. Paris, 1866. In-12. Tirage à 40 exemplaires sur papier jésus vélin.   5 »

MÉMOIRES DE LUTHER, écrits par lui-même, traduits et mis en ordres par J. Michelet. Paris, 1854. Deux vol. in-8°.   4 »

MÉMOIRES DE Mlle FLORE, artiste du théâtre des Variétés. Paris, au Comptoir des Imprimeurs unis, 1845. Trois vol. in-8°.   8 »

NOTICE SUR DULAURE, par Edouard Fournier. Brochure grand in-8°.   2 »

NOSTRADAMUS, par Eugène Bareste :
    Iº Vie de Nostradamus ;
    IIº Histoire des oracles et des prophètes ;
    IIIº Centuries de Nostradamus ;
    IVº Explication des quatrains prophétiques.
Orné d'un portrait authentique de Nostradamus, par Aimé de Lemud. 3e édition. Paris, Maillet, 1840. In-18.   2 50
    Le même ouvrage, in-8°.   3 50

BIBLIOTHÈQUE IMPÉRIALE IMPR.

www.ingramcontent.com/pod-product-compliance
Lightning Source LLC
Chambersburg PA
CBHW071528220526
45469CB00003B/687